誰にも相談できません

みんなのなやみ　ぼくのこたえ

高橋源一郎

毎日文庫

本書は2020年2月1日に
小社より単行本として刊行されました。
文中の年齢は執筆当時のものです。
装画＝三好愛
装丁＝川名潤

あなたのお話、聞かせてください

こんにちは。お元気ですか。これから、たくさんの人たちから寄せられたたくさんの「人生相談」と、その相談へのわたしの回答を読んでいただきます。その前に、少し、わたしの話を聞いてください。

小さい頃から、わたしは、新聞の片隅にある「人生相談」のコーナーが好きでした。というか夢中になって読んでいました。人生相談好きの小学校2年生……可愛くない……ですね。

いったい何がおもしろかったんでしょう。おそらく、そこには、わたしの知らない「未知の人生」、これから知ることになるだろう「人生の断片」が散りばめられていたからです。

「おとな」って大変だな。子どものわたしは、心の底からそう思いました。これから、自分の前にはたくさんのたくさんの苦しみや悩みが待っている、そして、たぶん、たくさんの喜びも。そんなふうに、ぼんやり考えながら、でも、なんだか緊張に身を震わせていたのです。

それから六十年。

いつの間にか、わたしは、新聞の「人生相談」のコーナーで回答をする側になりました。そして、ほんとうに思うのです。

人間というものは、ずっと同じような悩みを苦しみを抱えてきたのだな、って。人生相談なんてものが始まる遥か前から、おそらく、人間というものがこの世界に誕生して以来ずっと、人は悩み、それだけではなく、誰かにその悩みを苦しみを打ち明けてきたのでしょう。ぜんぜん進歩してない？

いいえ、人生相談のコーナーがいつも存在するのは、ほんとうのところ、同じ相談がひとつもないからです。だって、人生というものは、たったひとつで、他に同じものはないのですから。

わたしに誇れる点があるとするなら、誰よりもきちんと、悩みを抱く人たちのことばに耳をかたむけようとしてきたことだと思います。わたしには、彼らの気持ちがよくわかるような気がします。わたしもまた、誰かに話を聞いてもらいながら生きてきたからです。ここには、たくさんの人たちがわたしにしてくれたお話と、それを聞いて、わたしがした返事がのっています。みなさんが気に入ってくださると嬉しいです。

もくじ

Ⅰ 恋をしたことがありません

Ⅱ 夫のすべてに悪寒が走る

Ⅲ　家族って何ですか

Ⅳ ブサイクって言わないで！

Ⅴ 占いが気になります

VI やる気がないけど、どうしよう

VII あめをもらってもいいですか

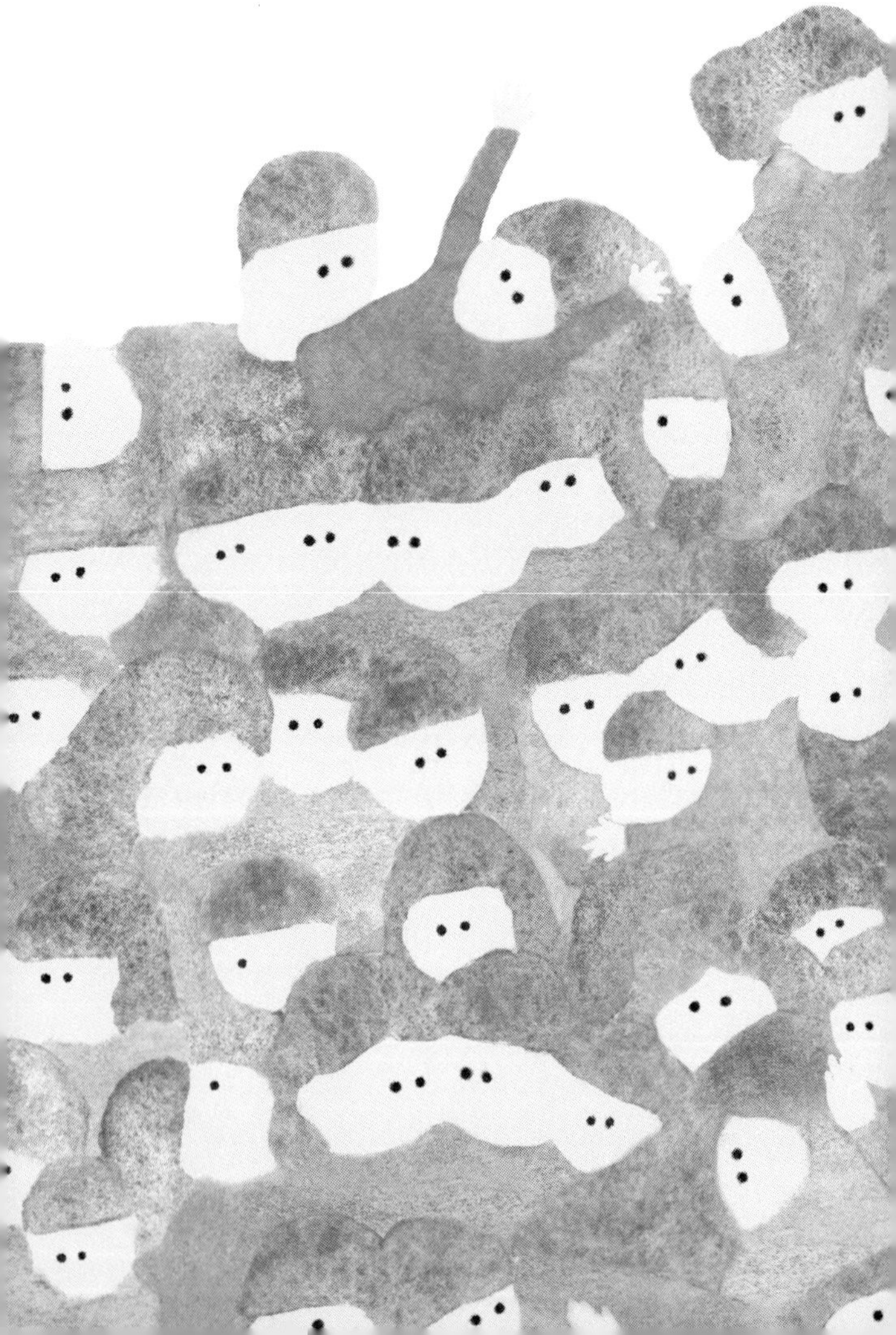

Ⅰ

恋をしたことがありません

Q 恋をしたことがありません

私は特定の異性と個人的な付き合いを経験することなく、この年になりました。「恋」というものがよく分かりません。異性に自らの関心を絞ってしまうと、その他の部分がおろそかになってしまうとブレーキがかかりました。恋を通じて人間理解を深めていくタイプの人間ではありません。信頼のできる方に紹介していただいた方と家庭を持つことができたら最高だが、と思っています。

（74歳・男性）

A

インドには、片腕を何十年も上げつづける荒行をしている行者がいるそうです。その行者に世界はどんなふうに見えるのでしょう。あるいは、その行者の「内側」には、どんな世界が広がっているのでしょうか。

極限の体験をした人、途方もない能力のアスリート、溢《あふ》れる才能で曲や絵を創りつづけるアーティスト。あるいは、世界の大スターたち。わたしは、時々、そういう人たちは何を感じているのだろう、と考えます。そして、わたしには想像もできない、眩《まぶ》しい世界に住んでいるに違いないと思ったりします。いや、実は、そんなことなどないのかもしれませんが。

わたしもまたある意味では「芸術家」の一人であり、「それは素晴らしい世界なんでしょうね」と言われることがあります。でも、わたしの知っているその世界は、日々の単調な作業があるだけの、ごくごく地味な場所にすぎません。

この世界には素晴らしいものがたくさんあることをわたしは知っています。そして、そのほとんどを味わうことができないことも。それでもわたしが絶望しないのは、わたしたちは、味わうことができなくても、憧れることだけはできるからです。

人間としてやらなければならない経験などないと思います。わたしたちはみんな「わたし」という、誰にもできない経験をしているのですから。いまいちばん楽しいと思うことをしてください。それで十分です。

Q 母と同世代の女性に片思い

同じ職場の女性に好意を抱いています。彼女は、私の母と同世代で、自分と同じ年ごろの娘がいます。私にも彼女にも家庭があり、年齢差もあるので、私の片思いで誰にも知られぬまま、胸に固く秘めておくことが正解なのは理解しているのですが、好き以外のなにものでもないのです。この思い、どうしたらよいのでしょうか。ちなみに、妻子との関係はすこぶる良好です。

（31歳・男性）

A

もちろん正解なんかありません。この問題には。いや、そもそも人生においては、ですが。

だから、いつものように、わたしならどうするか、と思いながら考えました。あなたと同じ31歳で、妻子との関係もよく、それにもかかわらず、職場にいる母親と同世代の女性に心惹かれてしまった、としたら。

　誰かを好きになるのは素晴らしいことです。どんな相手であろうと。しかし、このことを口にすることはできないでしょう。今回は。相手に、さえも。

　秘密の小部屋を作らなければなりませんね。あなたの内側に。そこでなら、あなたはあなたの思いを自分に向かって心ゆくまで話すことができます。相手の女性が素敵《すてき》であればあるほど、思いを匿《かく》すことはつらい。けれども、我慢しなければならない。苦しいでしょう。だが、それもまた豊かな時間のはずです。

　誰にも知られぬように、一つ、お話を書いてください。下手でもかまわない。あなたによく似た男が、同僚の年上の女性に強く惹かれ、けれどもついに言い出せない、というお話です。

　やがて時が流れ、どんな熱い情熱も、少しずつ薄れてゆくでしょう。そして、どうしてあんなに好きだったのか思いだせなくなった頃、「別れ」が来るかもしれません。あなたよりずっと年上なら、彼女は先に会社を辞めるでしょう。その時、彼女に、あなたが書いた「お話」を、そっと贈ってください。大切な思い出の一つとして。

Q 同性に恋愛感情。告白すらしたことがない

好きになるのはいつも同性でした。同性愛は一過性で、大人になれば治ると思っていましたが、成人して就職して、また女性を好きになりました。数年前に母を、昨年父を見送り、独りぼっちになりました。これまで何人か好きな人ができましたが、告白すらしたことがありません。五十を過ぎた誕生日を前に毎日鬱々としています。今からでも光差すような思い出は作れるものでしょうか。

（50代・女性）

A

お手紙、何度も読み返しました。わたしの知人にも性的少数者、ＬＧＢＴと呼ばれる人たちがいます。そして彼ら（彼女ら）はいわゆる「ふつう」の人たちよりも魅力的だなと感じることがよくあります。それは、おそらく、彼ら（彼女ら）が、「孤独」というものを誰よりもよく知っているからなのでしょう。

「恋愛」は確かに素晴らしい。けれども、喜ばしい「恋愛」の絶頂においてすら、人は「孤独」を味わうこともあるのです。

あなたには誰かの「回答」など必要ないような気がします。これからの時間、心の赴くまま、自分の気持ちに正直に生きていかれるよう願っております。

トーマス・マンの「ベニスに死す」という小説をご存じでしょうか。主人公のアッシェンバッハは50代、初老の、功なり名とげた大作家でした。充実した家庭生活を持ち、人生に疑問を抱いたこともありませんでした。

そんなある日、アッシェンバッハは一人の美少年に出会い、恋に落ちます。社会的に許されない恋。彼自身にも理解できない恋でした。告白することさえできず、彼は、ただ惨めに、少年をつけ回すことしかできません。けれど、小説の最後、死に向かいながら、喜びと共に、彼は気づきます。結局は愛されなかった。けれども、誰かをこんなにも愛することができた、ということそのものが、その「光差すような思い出」こそが、自分の人生への最大の「贈り物」であったということに。

Q 性経験が無いのは悪いか

私は今まで一人だけ付き合ったことがありますが、性経験はありません。同性の友人から「この年齢で童貞は気持ち悪い」と批判しかされません。周囲では早くしたら勝ちという自慢がはびこっています。異性の友人からも性経験を根掘り葉掘り聞かれ、もやもやがたまるばかりです。なぜ私が悪いと批判されるのでしょうか。最近は「私が性経験をしてないからいけないんだ」とさえ考え始めています。

（26歳・男性）

A

「銀河鉄道の夜」の宮沢賢治、「不思議の国のアリス」のルイス・キャロル、俳人の正岡子規は童貞だったといわれています。事実はわかりません。けれども、それがほんとうだとしたら、童貞であることは、あまりにもオリジナリティーに富んだ彼らの創作に深い影響を与えているように思えます。彼らは、「セックスの未経験者」ではなく「セックスをしない、ということの経験者」でした。彼らもまた、「普通の男が童貞であることはおかしい」という常識を知っていたでしょう。けれど、その「普通」や「常識」はどこからやって来るのでしょうか？

偶然なのか、それとも、自らの意志によってなのか、彼らは、「セックスをしない、という経験」を選びました。そのことで、「普通」の人たちが見たことのない世界を創ることができたのです。

性の未経験者であることであなたを批判する人たちは、世間の「普通」や「常識」を疑ったことがない、つまり、自分の頭で考えたことがない人たちなんだと思います。そんな人たちの言うことなんか気にする必要はありません。犬が吠《ほ》えてるな、と思っていれば十分です。

ほんの少し前までは、「女はある年齢になったら結婚すべきだ」とか「女は結婚したら専業主婦になるべきだ」とか「女は少々の性的冗談を受け流すべきだ」というのが「常識」でした。自由に自分のペースで生きてゆけばいいのですよ。

Q 捨てられぬ56年前の手紙

「終活」の毎日。56年前の手紙を始末できません。職場で私に告白した女性は、婚約者がいたため距離をおいていましたが、異国の彼の元に飛び立つ前の半年間、もう戻れない地点寸前までいきました。でも私には略奪婚はできなかった。残された手紙が5通。半世紀の間、落ち込んだ時には手紙から不思議なパワーをもらってきました。その人は平穏な余生を過ごしていると聞き、「長い間お預かりしました」と返送したいのです。

（82歳・男性）

A

大切な手紙を最後に送り主に返し、気持ちに決着をつけたいという思い、よくわかります。けれども、自分の都合ばかり考えるわけにはいきませんね。相手の方がどのように思うか。あなたのことを忘れようとしていたなら、どうなのか。

思い悩みます。もとより正解などあるわけないのですが。

わたしなら、残された手紙5通に、もう一つ、自分の書いた手紙を1通同封し、いちばん信頼できる誰かに託すと思います。そして、自分が亡くなったら、そのときには、そのお相手に送ってもらうよう頼むことにするでしょう。その手紙には、こんなことを書くかもしれません。

「ほんとうにお久しぶりです。わたしのことをまだ覚えていただいているなら光栄です。お会いできなくなって半世紀以上がたちました。これは最初で最後の手紙です。あなたがこれをお読みになっているなら、わたしはもうこの世にはおりません。いただいたお手紙をお返しするために、このようなことをいたしました。お許しください。あなたと過ごした時間はわたしの人生で最良の時間でした。そして、あなたが去った後、苦しいとき、わたしを助けてくれたのはあなたの残したこの5通の手紙でした。そのことをお伝えできたなら、もう思い残すことはありません。あなたのおかげで素晴らしい人生を送ることができました。心よりお礼を申し上げます。さようなら」

返送する手紙より、付け加えるもう1通の手紙をこそ、わたしなら送りたいと思います。

Q 「恋愛」の感情ないのは異端？

恋愛に興味がなく、したいと思ったことがないまま生きてきました。過去に誘われたデートも居心地の悪さでいっぱいでした。友人への温かい愛情や尊敬はありますが、たった一人を猛烈に愛したい気持ちを感じたことがないのです。むしろ一人でいることが大好きです。幼い日からこの感覚がありました。異性愛にしても同性愛にしても「恋愛」することが是である世の中を不思議に思うのです。異端なことなのでしょうか。

（27歳・女性）

A

よく知られていることですが、「恋愛」という観念は、明治になって、西欧から持ち込まれたものでした。もちろん、「好き」という感情や性的な欲望はもともとあったものでしょうが。

明治の青年たちは、「西欧で流行《はや》っている『恋愛』というものをしてみたい」と憧れ、これもまた、誕生したばかりの女学生に「精神的な」「恋愛」を仕掛けたのでした。その陰で、性欲の方は娼婦《しょうふ》を買うことで解消してその矛盾に気づくことはありませんでしたが。

「恋愛」や「友情」、あるいは「親子の愛情」、そんな、当たり前のものと思われる感情も、実は「人間に自然に備わるもの」ではなく、もしかしたら、社会から「備えるべきもの」として勧められるから、身についただけなのかもしれません。「恋愛」しないと落伍者《らくごしゃ》に見られるから、「恋愛」する。「友人」がいないと居場所がないから、「友人」をつくる。「親子」だから、親を（子を）愛するのは当然なので、そんな感情を持てない自分を責める。なんか変ですよね。もう一つ付け加えましょうか。「国民」だから、所属する国を愛するのは当たり前だ、なのに愛せないのは「非国民」だ。

わたしたち人間にとって、いちばんの幸せは「自由」であることではないでしょうか。

そして、その中には、どんな感情を持っても（持たなくても）いい「自由」も含まれるはずなのです。

Q 年下の既婚者を好きになった

8歳下の同僚を好きになってしまいました。彼も私も既婚者。何も言わないけれどお互いに意識しています。最初は何とも思っていなかったのですが、ある出来事をきっかけに親しくなりました。話をしていると楽しくて、もっと話をしたいと思うのですが、近づきすぎると戻れなくなってしまいそうで、今は少し距離を置いています。でも、話したい。どうしたらいいかわかりません。

（49歳・女性）

A

ある状況に陥ったとき、人はどんな行動をとるのか。わたし自身の経験や、よく知る人たちの行いを見ると、悲しいほどに似通っているように思えます。あなたは、生涯の半ばを越えて、配偶者もいるのに恋をなさった。それは貴重で、心躍らせるものだと思います。では、さらに相手に近づくとどうなるでしょう。関係がさらに深まり、戻ることができなくなったとしたら。その先には喜びを圧倒するような苦しみと悲しみと後悔が待っていると思います。それは、あなたではなく、誰よりも、あなた（と相手）の家族を不幸のどん底に突き落とすでしょう。あなたはそれに耐えられますか？　耐えられないと思います。おそらく、悔恨の日々を過ごすことになるでしょう。

なぜなら、このような問題を誰かに相談しようと思うほど、あなたは心の弱い人間だからです。また、あなたに決断を委ねてしまうほど、相手の男性も弱い人間だと思うからです。

どんな不幸な結果が待っていようと前へ進もうとする人たちは、すべてを自分で決めるはずです。他人に相談などせずに。そして、起こり得るすべての結果を受け止めるでしょう。

残念ですが、あなた（たち）に、この先へ進む資格はないように思います。撤退し、ただの友人に戻ってください。後悔はあるでしょう。けれども、それも日々に薄れ、時に間歇《かんけつ》的に思い出す程度になり、やがて忘れることができるはずです。

Q 夫以外の人を好きになった

20年ぶりに夫以外の人を好きになりました。今でも夫のことも好きで別れる気持ちはありません。好きな人とは、本当に時々ですが、一緒に映画に行ったり、飲みに行ったりします。とっても楽しみにしている一方で、夫にウソをついて出掛けるので、ひどく自己嫌悪に陥ります。すごく後ろめたいです。時々話ができるだけで幸せなのですが、自分の自己嫌悪と、どう付き合ったらいいのでしょうか。

（44歳・女性）

A

相談者に子どもがいるのか、「好きになった人」が既婚者なのか、それがわからないので、お答えは、少し一般的になってしまうと思いますが、一言でいうなら、「誰でも自由に生きる権利がある。ただし、そのことで起こるあらゆる結果には自分で責任をとらなければならない」ということになると思います。

わたしたちは誰でも、社会的な「顔」を持っています。「会社員」とか「先生」とか「妻」とか「母」とか、さまざまな。そんな役割を担って、わたしたちは生きてゆきます。けれども、それとは別に、わたしたちは、他の誰にも気づかれない「自分自身」というものを持っています。その「自分」に一番必要なものが「自由」だと思います。

相談者は、夫以外の方を好きになられた。「妻」ではない「自分」として。それがなければ、あなたがあなたでなくなってしまう「自分」というものが、生きて動いた。それを止めることは誰にもできません。

けれども、「自由」の、あるいは「自分」の、恐ろしいところは（それが素晴らしいところでもあるのですが）、満足を知らないことです。いまはまだいいでしょう。だが、「話ができるだけ」で、いつまでも満足できるでしょうか。あなたも、その方も。その日が来たとき、あるいは、外の「社会」に知られたとき、責任を持って決断ができる自信をお持ちなら、このままお進みください。あなたの人生が豊かであるよう、お祈りしています。

Q 中絶した経験と向き合えず

1年ほど前、思いがけない妊娠で中絶しました。他に選択肢はなく、失われた命のためにも、前向きに生きなくてはと言い聞かせています。でも、何かを始めようとポジティブになるたび、「恐ろしいことをした。取り返しがつかない」という気持ちが押し寄せてきます。今の日本では中絶は基本的に罰せられないけれど、倫理的に許されるのかは難しい問題です。自分の経験とどう向き合えばいいですか。

（24歳・女性）

A

あなたは、一つの生命の可能性を奪う、という選択をしました。そのときから、あなたには責任が生まれました。「善《よ》く生きる」という責任です。

指揮者のベンジャミン・ザンダーはアウシュビッツ強制収容所の生き残りのある女性のことばを伝えています。15歳のとき、列車でアウシュビッツに連れて来られた彼女は、一緒に来た8歳の弟が靴をなくしたのを見て「なんてバカなの！　自分のこともできないなんて！」と言いました。悲しいことに、これが彼女が弟に言った最後のことばになりました。弟は生きて戻れなかったのです。彼女は誓いを立てました。「生きて戻れるなら、それが最後のことばになるとしたら、耐えられないようなことばを二度と言わない」と。彼女は、つい漏れた一言故《ゆえ》に「善く生き」ようと誓ったのです。

もうあなたは、そんなふうに生きていますね。あなたは他の人が苦しまないようなことを前にしても苦しみます。でも、それは、あなたが他の人たちよりもずっと敏感に、繊細に、世界に対している、ということです。あなたは、他の人たちより多く苦しむでしょう。けれども、それ故に、世界の素晴らしさと複雑さを、より多く感じることができるはずです。

苦しみを忘れない限り、あなたの生涯は他の誰よりも豊かになるでしょう。そして、いつかきっと気づくはずです。それが、生まれなかった子どもから、あなたへの贈り物であったことを。

Q 不倫相手の離婚待つべきか

私はバツイチで子どもがいますが、妻子ある人と不倫してます。昨年、別れを決意して新しい彼もできたのに、ストーカーのように家を偵察に来て、新しい彼にはふられ、不倫相手とズルズル続いています。最近は「7月まで待ってほしい。離婚する」と言い始めました。以前は、自分の子が大きくなるまで離婚できないと言っていたのに。うその多い人ですが、たった半年と思えば待ってもいいのでしょうか。

（36歳・女性）

A

わたしのように何度も離婚している人間には、この相談にお答えする資格などないのかもしれませんが、知る限りのことをお伝えしたいと思います。

繰り返し、あるいは、いつまでもずるずると不倫を続ける男性は、いつも不安です。

バレるのではないか。何もかもが壊れてしまうのではないか。けれども、その不安から逃れるための何かをしようとはしません。

なぜ逃げようとはしないのか。不安が解消したとき、さまざまな現実に直面しなければならないからです。仕事に、家庭に、自分自身の人生に。けれども、その不安の中にいる限り、現実と直面しないですむのです。

出会ったとき、彼はあなたを愛したのかもしれません。でも、もういまでは、あなたは、彼にとって、「一緒に不安でいてくれる同志」にすぎません。その人は、不安から逃れることはできないし、同時に、その不安にひとりで耐えることもできないほど弱いのです。

「7月まで」という約束は、でまかせでしょう。けれども、その妻があきれて、離婚してしまうかもしれません。そのときには、また、あなた以外の誰かを探して、不安の道づれにしようとするはずです。いますぐ、どんな手段を用いても別れるべきです。だって、その人は、あなたのこともあなたの子どものことも考えてはいない、いちばん大切なのは、自分が現実から目を背けるために協力してくれる誰かなんですから。

Q 夫を愛しているが、別れた彼が気になり

昔の恋人から別れ際に「7年後に会おう」と言われました。来年がその7年後です。当時、彼には妻子がおり不倫でした。彼と別れ、2年後に今の夫と出会い結婚。夫を愛していて彼に未練はありませんが、7年後に会いたいと言われた理由が気になっています。彼と連絡を取ることは夫に対する裏切りでしょうか。できれば何もしたくないけれど夫への愛情と好奇心の間で揺れています。

（38歳・女性）

A

相談者に最初に申し上げたいのは、この一言です。

「喝！　なに、ぐらついてんの、しっかりしなさいよ！」

「昔の恋人」の「7年後に会おう」という言葉に秘められた本音はこうだったと思います。

「おれ、家庭を壊してまで付き合いたいほど君のこと好きじゃなかったんだ。こっちも大変だから、別れてくれる？　でも、もし将来会ったら、また付き合ってくれるよね。だって、君、おれのこと好きなんだろう？」

あなた、なめられていたんですよ。「7年後」なんて、口からでまかせです。「別れる」という現実を覆い隠すためのね。

わたしの知る限り、女性はたいてい、別れた男のことはあっさり忘れるものです。逆にいつまでも過去の女性のことを思い出してしみじみするのは男の方。過去を振り返らず、前を見て生きる。そうあるべきでしょう。ちなみに、以前わたしの妻はこんなことを言っていました。

「別れた男は、道に落ちてる小石と同じね。目に入ってもなにも感じないわ」

さすが……。いや、マジすごいです（苦笑）。

というわけで、連絡をとる必要も会う必要もありません。けれど、もし偶然、彼と会って、「元気かい？　懐かしいね。ねえ、ちょっと話さない？」とか言われたら（絶対言うと思いますが）こう答えてください。

「あんた、誰？」

Q 元彼と親友が浮気していた

1年間付き合って別れた元彼と私の友だちが付き合っていて、別れる前から体の関係があったと知ってしまいました。浮気されるということは、私は魅力のない人間なのでしょうか。嘘《うそ》をついていた友だちは、私のことを友だちだと思っていなかったのでしょうか。それでも、二人のことが好きです。二人が幸せならいいと思い込もうとしていますが、このもやもやは、泣きたくなる気持ちはどうすればいいですか。

（19歳・女性）

A

「逢魔が時」という言葉をご存じですか？　一日が終わり、日が暮れてゆく頃、なんとなくもの悲しい気持ちになったりしなかったでしょうか。昼間、くっきりしていたものの輪郭がぼやけ、違ったものに見えるとき、わたしたちは、ふだん逢うことのない「魔もの」に出合う。それが「逢魔が時」です。

わたしたちが「逢魔が時」に出合うのは、夕方だけではありません。たとえば、誰かに恋するとき、わたしたちは、狂おしい何かに支配されてしまう。それまで揺るがないと思えたものが信じられなくなり、あなたに語りかけてくる言葉がすべて遙《はる》か遠くからのものに聞こえ、恋する相手以外の声が聞こえなくなる。そんな経験はありませんか?

彼らも、そんな「逢魔が時」に襲われたのかもしれません。あなたに魅力がなかったからでもなく、友達だと思われていなかったからでもなく。だとするなら、あなたを傷つけたことで、彼らも、あなた以上に傷ついているかもしれないですね。

彼らがしたことは「正しく」はなかったでしょう。でも、それを責めないあなたは素敵だと思います。それでいい。あなたにもまた、いつか「逢魔が時」という、恐ろしくも甘美な時間が訪れるかもしれないから。

あなたの苦しみ、感情の激しい揺らぎ、それはすべてが新鮮に感じられる時期の特権です。悩めることも、もう若くないわたしにとっては、眩しいほどの能力に見えるのですよ。

Q 別れた人と仕事継続、切ない

8年間、公私ともにパートナーだった人に新しく良い人ができました。仕事はそのままで、と言われて続けています。彼との時間は今も大切ですが、彼が他の人を大事にしていることは、とてもつらいし切ないです。仕事は芸術系で、二人だから創り上げてこられたもので、すぐにはやめません。でも、寂しさを胸に仕事に向かい、次のプライベートの相手をみつけるのは何だか違う気がするのです。

（47歳・女性）

A

芸術関係のお仕事をされていると書かれていました。なので、同じ仕事をする者としてお答えしたいと思います。

わたしにも似た経験があります。また同じような経験を聞くことも少なくありません。少しずつ薄れてゆくこととしても、あなたの内側から、その痛みが消え去ることはないと思います。それは「失う」ことの痛みです。あなたは、人生の半ばを過ぎつつあります。人生の先輩として、少し書かせていただくなら、これからあなたはいろいろなものを失ってゆくことになるでしょう。パートナーを失うことはその始まりにすぎません。

若さを、美しさを、健康を、感覚の鋭さを、あなたは失ってゆくでしょう。では、それは、耐えられない苦しみしか生まないのでしょうか。そうではないことをあなたは知っているはずですね。なぜなら、あなたが従事している「芸術」という営みは、「失う」ことが苦しみだけではないことを、人間に伝えるために存在しているからです。

一枚の絵、一つの曲、一篇《いっぺん》の詩、一冊の小説、どれも作り手たちが、何かを失うことと引きかえに作り出されたものばかりです。喝采を受けず、冷たく無視されても、作り手たちは後悔しないでしょう。なぜなら、作り出すこと自体が、彼ら自身への幸せな贈り物でもあることを知っているからです。あなたもまた、ずっと前からその世界の住人だったではありませんか。

Q 彼が離婚歴を隠していた

付き合って1年の彼がいます。彼に冗談で「離婚歴ある？」と聞いたところ、バツイチで5歳の子どももいることが分かりました。子どもとは2年ほど前から会っていないそうです。年齢も42歳と言っていたのに46歳で、隠しごとが多く信用できなくなってきました。ただ、彼のことは好きです。彼はこれ以上隠しごとはないと言っていますが、このままお付き合いを続けるか悩んでいます。

（35歳・女性）

A

一度も会ったことがなく、言葉を交わしたこともない人のことを自信を持って語ることはできません。そのうえで申し上げますが、残念ながら、相談者の「彼」は根本的に信用することができない人のように思えます。

1年も付き合って、離婚歴があって子どもがいるような重要なことも（そう、それから年齢のことも）、あなたに教えていなかったのは、あなたのことを、特別で、大切な存在だと見なしていないからでしょう。いや、おそらく、「彼」は、いままでもずっと、何か特別で大切なものと関わるのを面倒くさいと思って生きてきたか、あるいは、厳しい現実を見ないようにして生きてきたのだと思います。そうやって、結婚生活や子どもからも逃げてきたのかもしれません。そんな人間はたくさんいます。そのように言えるのは、残念ながら、わたしにも、同じような部分があったからです。「彼」があなたに嘘《うそ》をつくのは、あなたを騙《だま》そうというより、「嘘の世界」に住むことが楽だからです。「彼」があなたを好きなのも、そんな、生ぬるい「嘘」の世界に住むことを許してくれたからでしょう。あなたが、「彼」に現実を突きつけるようになれば、おそらく、「彼」はまた、自分を甘やかしてくれる誰かを求めて、あなたから去ってゆくことになると思います。「彼」には悪いことをしている自覚もないはずです。でも、そういう人間がいちばん迷惑な存在なのですが。

Q 彼がいるのに目移りするなんて変ですか？

高校時代から付き合っている大切な彼氏がいます。しかし、最近大学で素敵だなと思う男性に出会いました。その男性のことは考えないようにしていますが、今の彼以外と付き合った経験がないので、他の人と付き合うことに興味があります。目移りしてしまいそうになる私はおかしいのでしょうか？　他に好きな人ができたという理由で別れるのは不誠実でしょうか？

（20歳・女性）

A

あなたはまだ20歳ですね。きっと、これからたくさんの出会いがあり、多くの恋をするのでしょう。そんなあなたに、今回は「悪魔の囁《ささや》き」を贈ります。

恋をすることで、あなたはたくさんのことを知り、たくさんのものを得て、同時に、失うことも知るでしょう。つまり、人間がどういうものであるかをよく知ることになるでしょう。わたしは、恋愛が素敵なのは、「新しい（もしくは、未知の）自分を知ることができる」ところだと思っています。新しい出会いは、自分の中に秘《ひそ》かに眠っていた「新しい自分」を発見させてくれます。そんな、まだ知らない自分に会ってみたいと思いませんか？　だから、わたしの回答は「新しい出会いに進みなさい」です。

確かに、「大切な彼氏」という問題が残っています。でも、遅かれ早かれ「選択」のときはやってきます。それまでは「彼氏」には黙っていて構いません。わたしの知る限り、自分の彼女が別の男性とも付き合っていることに気づく男性は殆《ほとん》どいません。自惚《うぬぼ》れているからかも。

昔、わたしと付き合っていた女性は、知らないうちに別の男性とも付き合っていました。そして、彼女は別の男性を選択したのです。けれど、あとになって、その「選択」が正しかったことに気づきました。それも、わたしにとって必須の経験だったといまでは思っています。人生の春を歩き始めたあなたに良き日が訪れますように。

Q つきあっている人に捨てられ50年、悲しい毎日

20代の時に、親切で優しいと思った男性と3年間付き合いました。しかし、男性は他の女性と結婚が決まっていたようで、私は中絶を2回したうえ、ごみのように捨てられました。今ごろと思われるかもしれませんが、私はずっと独身で、つらく悲しい思いで毎日を過ごしています。男性が家族に囲まれ幸せに暮らしていたらと考えると、胸が苦しくて死んでも死にきれません。謝ってほしいです。

（72歳・女性）

A

生きていると、無数の苦しみや耐えがたい恥ずかしさ、屈辱を味わいます。振り返ってそれだけを集めてみるなら、よく生きてこられたなと思うしかありません。けれども、同時に、そこには、深い喜びや感動もあったように思います。いつか、人生の「清算」の時がやって来ます。それは、コンビニのレジのように自

動的に計算できるわけではありません。わたしたちは、自分が生きてきた時間を振り返り、それが「善《よ》きもの」であったと考えることができるように「編集」するのだと思います。いや、「編集」ではなく、それは作家が創作するように、自分の人生の断片を再構成し、一つの作品にしてゆくことなのかもしれません。

あなたは、その「男性」への憎しみを書かれています。では、あなたに質問します。その「男性」と生きていた時間、あなたに喜びはなかったのですか？　ただ惨めな時間しかなかった、とおっしゃるのですか？

あなたを、苦しめてきたのは、その「男性」ではなく、あなたの人生の断片から惨めなものだけを集め、これみよがしに自分に見せつけようとしているあなた自身だと思います。それでいいのですか？　ほんとうに？　あなたの人生にあったのに、放り出し、捨ててしまった「善きもの」「美しいもの」を拾い集めてください。あなたには、あなたの人生を尊び、大切に扱う義務があります。それは、他の誰にもできないのですから。

Q 年々、つきあう女性と年の差が開き、将来が不安

若い頃に離婚し、現在独り身です。離婚後も継続的に女性と交際はあります。ただ、年下の相手との年齢差が徐々に拡大し、現在の彼女とは50歳以上の開きがあります。年齢に見合った女性との出会いもありましたが、共感できる事柄がなく、大人の恋は成立しませんでした。私自身は成長できず、このまま朽ち果てていくことに不安を感じています。よきアドバイスをお願い申し上げます。

（78歳・男性）

A

あの……78歳にして「将来の不安」が「つきあう女性との年の差が年々開くばかり」なんて、他の質問者に怒られるんじゃないかなあ。その年齢の、ふつうの人が持つ悩みは、生活の不安とか、老いの不安ですよね。そっちの方は気にならないんですか？　いいでしょう。真剣な質問であるという前提で、真剣にお答えしま

す。

若い頃の離婚以後、継続的に女性と交際がある……うらやましい……いやけっこうなことです。現在の女性と50歳以上の年齢差があるということは、おそらく、あなたはずっと20代の方と付き合ってこられたのでしょう。それは、もしかしたら、あなたが（少なくとも対女性関係に関しては）ずっと20代の気持ちのままだからかもしれません。残念ですが、ぼくの知る限り、人間はほとんど成長しないものです。正確にいうなら、成長する部分もあるが、大半の部分は若い頃と変わらない（愚かなまま）ということです。中身が若いままなのに、外見だけが衰えてゆき、若い女性から見向きもされなくなる……というのが、ふつうの男性です。しかし、あなたは違うようですね。あなたの生き方を「朽ち果てていく」と呼ぶのなら、朽ち果てたい人はたくさんいると思います。自信をもって、自分の道を歩いていってください。というか、なぜそんなにもてるのか、その秘訣《ひけつ》をみんなに教えてあげてはどうでしょう。でも、その前にまずぼくに教えてくださいね。

Q 遠距離恋愛でイライラ。余裕がない

付き合って4年になる彼女がいます。就職を機に、遠距離恋愛になってしまいました。お互い新社会人として忙しく、電話もあまりできていません。私自身に心の余裕がないこともあり、彼女の言動にいちいち腹を立ててしまいます。例えば彼女が会社の人たちと遅くまで飲んだりすることに腹を立ててしまい、そんな自分にも腹が立ちます。どうしたらよいでしょうか。

（23歳・男性）

A

大学1年のとき、初めて付き合った同級生の彼女とは、付き合って3カ月ほどで「遠距離恋愛」になりました。わたしが学生運動で逮捕され、拘置所生活を送るようになったからです。

彼女は、わたしに会うために、週2回いつも片道2時間半以上かけて来てくれまし

た。けれども、会って話せる時間は10分ほどしかありませんでした。

10カ月後、釈放されたわたしは、すぐに彼女に会いに行きました。拘置所では彼女のことばかり考えていたのです。けれども、彼女はなかなか会ってくれません。わたしにはその理由がわかりませんでした。やっと会えた彼女は、わたしに「別れたい」と告げました。「なぜ」と訊《たず》ねると、彼女は「長かった」と言ったのでした。生まれて初めての大きな失恋でした。

わたしはそのとき初めて、恋人たちは「同じ時間を共有する」ことで成り立っているのだと知ったのです。

「遠距離恋愛」が難しいのは、お互いが別の時間を生きているからだと思います。相談者の彼女には、あなたの知らない、彼女が生きている時間があります。その人が、あなたにとってほんとうに大切な人なら、その人が、自分の時間を、自由に、もっと生き生きと過ごせるように願ってあげてください。かりに、その結果がどうなろうと。

そして、あなたも、いまは中途半端になっている、自分の時間を大切にしなければなりませんね。

Q 中絶させた彼が別れを渋ります

中絶手術をしました。妊娠が分かった時、うれしくて、彼も喜んでくれると思っていました。しかし、彼の返事はおろしてほしいでした。彼が、泣きながらごめんと繰り返す姿をみて、本当の気持ちを隠したまま、手術しました。彼と自分を責める毎日で、つらいから別れたい、と何度も告げましたが、彼は別れずに今度はきちんと産める時に子どもを作って愛してあげようといいます。

（27歳・女性）

A

あなたが抱えられている問題で「正しい」回答を考えることはそれほど難しくありません。

あなたは自分を責める必要がないこと、そして、この問題で責任をとるべきなのは（どんな形であるにせよ）、第一に「彼」であること、です。けれども、それが「正しい」回答だとしても、あなたの力にならなければ意味はありません。

わたしは自分のことを誠実な人間だと思いません。また、「善《よ》いところもあるが、それよりもずっと悪いところが多い、即《すなわ》ち凡庸な人間」だと考えています。けれども、そんな人間だから見えることもあるはずです。「泣きながら中絶を頼み」「今度はきちんと産める時に子どもを作って愛してあげよう」という「彼」の言動に、正直に申し上げて、わたしは深い嫌悪を覚えました。それは、不誠実で「凡庸」な人間の典型的な言動だからです。いうまでもなく、それは、わたし自身がよく知るものでもあるのですが。

「今はダメだけれど、次には」という人間が「次」に何かをきちんとなしとげた例をわたしは知りません。「今」から逃げる者は、「次」も逃げるのです。

あなたはわかっているはずですね。「彼」はあなたに愛情を感じているのではなく、ほんとうは、ただ「依存」しているだけだということを。

あなたにふさわしい誰か、あるいは、何かは、「彼」ではないと思います。勇気をもって前に進まれますように。

Ⅱ

夫のすべてに悪寒が走る

Q 夫のすべてに悪寒が走る

朝から夫の発する音すべてに悪寒が走ります。こぎれいな人だったはずなのに、近ごろはたん吐き、豪快な洟《はな》かみ、トイレは半ドア、といつからこんなことになったのか……。53歳で老いぼれるにはまだ早いと思い、何度か注意したものの「そうかあ？」と全く響いていない様子。若い頃は、あんなに好きだったのに。どうしよう、どんどん嫌いになってしまいそうです。あー困った。

（54歳・女性）

A

実は夫の方もまた同様の悩みを抱いているかもしれません。「ああ、風呂から出て下着で歩き回っているし、ふだんはジャージーしか着ないし、夜はイビキをかいて寝てるし、昔はそんなことなかったのになあ……」とため息をついている可能性だって。そんなことを言われても「毎日やらなきゃならないことがたくさんあるのに、そこまで気をつかってられないわよ!」と正しく反論することもできるでしょう。しかし、これは、夫婦で「正しさ」を競うべき問題ではないように思えます。

家庭は、誰にとってももっとも憩うことのできる場所。けれども、家族といっても最終的には他人であることも事実です。払うべき(最低限の)敬意は払わなければなりません。もちろん、お互いに、ですが。

さて、わたしも、現状でいいとは思いません。解決の手段をいくつか考えてみました。

あなたの悩みを友人の誰かの悩みとしてあなたの夫に相談してみる。「あなたはそうじゃない……と思うけど」とか。あるいは、「若い頃のようには、夫に接することができなくなった」友人の悩みとして伝え「わたしは、どうかな」と訊《たず》ねることで、間接的に伝えるとか。

それでも伝わらないなら……うーん、もう、ガツンと言っちゃっていいです。「大好きだった頃のあなたに戻って!」とフォローすることは忘れずに。

ひとごとじゃないんだけど……。

Q 主人が内緒でアイドルのファンクラブに

主人が内緒でアイドルグループのファンクラブに入っていることが分かりました。気持ち悪い存在になってしまい、視界に入ってくるだけで吐き気がします。子どもが3人いるので離婚はしたくないですが、生理的に受け付けなくても我慢するしかないのでしょうか?

（40代・女性）

A

わたしの母は晩年、森進一のファンクラブに入っていて、もちろん、熱狂的なファンでした。毎年、夏と冬の新宿公演になると大阪から夜行バスでやって来ました（新幹線に乗って、とお金を送っても、それで森進一グッズを買って、バスで来るのです。70歳過ぎですよ!）。

3時間半ずつの公演を2回続けて聴き、しかも、その間の休憩時間には別のファンクラブの人たちとずっとカラオケで森進一の曲を歌っていました。そして、公演が終わると、劇場のすぐ裏のスキヤキ屋でご飯を食べました。その店から森進一が帰るところが見えるからです。店の食卓に乗っかって劇場裏口を見ようとして、よく店員に怒られていました。最後に亡くなったのも、森進一公演の帰り、新幹線のホームで心臓の発作で倒れたからです。お通夜は、弟とふたりでした。もちろん、一晩中、森進一の曲を流しました……。

母は、いつも3枚の写真を財布に挟んでいました。森進一とわたしと弟の写真です。そして、みんなに、森進一が長男で、わたしが次男、弟が三男だ、といっていました。むちゃくちゃですよね。

母は寂しかったのだと思います。ほとんど話題がない実の息子たちより、「母孝行」で知られた森進一に「幻の息子」を見ていたのかもしれません。いま思えば、胸が痛いです。

いいじゃないですか、アイドルのファンになったって。しょせん、幻なんだから。ご主人も寂しいのかもしれません。察してあげてください。「現実」の人間に夢中になるよりずっとましですよ。

Q 片付けられない夫。世話が嫌になる

50歳の夫は家事どころか自分の身の回りのこともやりません。いわゆる片付けられない大人で夫の部屋は足の踏み場もありません。「家族の共有スペースは片付けてほしい」と言うと、とたんに不機嫌になります。またかなりの「自己中」で気が短く、夫の世話をするのが時々非常に嫌になります。子どもがいるので離婚は考えていませんが、どのように夫と接したらよいでしょうか。

（50代・女性）

A

わたしには回答する権利などないかもしれません。実は、わたしも「片付けられない大人」のひとりなんです……。

若い頃、本に埋まって身動きとれなくなっている作家の写真をよく見ました。野間宏という作家は本の山の中に住んで、その山をネズミが食い荒らしていたそうです。

バカじゃなかろか、と思っていました。そうしたら、いま自分がその状態なんですよ！　汚いのが好きなわけではありません。そんな人いませんから。ごめんなさい。ビョーキなんです。どこから手をつけていいのかわからない。なので、手をこまねいて呆然《ぼうぜん》としているだけなんです。

最初のうちあきれ果てていた妻は、いくら注意しても部屋の惨状に変わりがないことを知ると、考えを変え、なにもいわずさっさときれいにしてくれるようになりました。見違えるように美しい部屋に、です！　サンキュー！　確かに、あまりにきれいになりすぎていて、仕事用の文献が見つからなくなったりしますが、文句をいったら罰があたります。

お願いです。ビョーキのご主人を助けてあげてください。子どもたちにも手伝ってもらったらどうでしょう。「秘境パパの部屋・清掃大作戦」とかいって。お祭り気分を出すため、重装備でいくのもいいかもしれません。「徹底的にきれいにするからね。なんか注文ある？」と一言だけいっておいて、あとはご存分に。その分は、清掃代として徴収してかまいませんから！

Q 再婚した夫と20年以上、夫婦関係がない

再婚した夫のことで相談です。主人は真面目で優しく温厚な人柄。感謝して生きてきました。ただ一つの不満は20年以上も夫婦関係がないこと。主人にはある性癖があります。意志が強く世間に対しては何の心配もありませんが私には迷惑です。私は病弱ですが、女性の部分が強く、それが不幸でなりません。このまま人生が終わってしまうと思うと女として寂しいのです。

（59歳・女性）

A この相談は、こんな公開の場所ではなく、もっと内密なところでお答えすべきものだと思います。また、お答えするためには、もっと事情を知る必要もあるでしょう。その上でわたしにできるアドバイスをしたいと思います。

あなたは夫と20年以上にわたって夫婦関係がなく、また「女性の部分が強く」その

ことで苦しんでいますね。またご主人には、ある「性癖」があって、改善は望めないように見えます。とするなら、知見の及ぶ限り、あなたにとれる手段は三つしかないように思います。

一つ目は、離婚して、新しい人生を歩むことです。けれども、それでは、あなたが築き上げてきたものすべてを壊しかねません。晩年に近づきつつあるいま、どれほど苦しくてもその冒険は難しいでしょう。

二つ目は、すべてを諦めて、この日々を受け入れることです。今のご主人は、あなたの「愛や欲望」を満たすことはできなくても「真面目で優しく温厚」なのですから。あなたの内側で燃え盛る炎も、年とともに薄れてゆくと思います。

三つ目は、家にあっては良き妻でありながら、もう一つ別の顔を持つことです。そのもう一つの顔のあなたは、誰にも知られぬように、あなただけの秘密を抱えて、自分の欲望に忠実に生きればいいのだと思います。

どれも〝わたしの知っている〟実際にあった例です。どれが正解ということはありません。人生に正解などないのですから。

Q もう一度夫に好かれたい

夫に嫌われています。また好きになってもらえるでしょうか？　一つ上の夫と3歳と9カ月の子どもがいます。下の子の妊娠中に上の子に強く当たったところ、夫に「前からずっと我慢していたがもう一緒にいたくない。嫌いです」と言われました。私に触れることを嫌がり、気兼ねなく話もできません。ただ、私に対して以外は変わらず、家事や子どもの世話はしてくれます。

（30歳・女性）

A

お二人がどんな人たちで、どんなふうに結婚したのか、それがわからなければ答えることができない問題だと思います。その上での回答とご了承ください。

ゴダールの映画「軽蔑」で、ヒロインは突然夫を嫌悪するようになります。「もう愛していない。軽蔑するわ」というのです。映画では原因らしい事柄も描かれていますが、大切なのは「軽蔑」の一言だと思います。

愛情は、いつか薄れても敬愛や友愛とでもいうべきものに変化して生き延びます。多くの夫婦は、長い夫婦生活をそうやって乗り切ってゆきます。

憎しみでさえ、愛情の裏返しの可能性があるでしょう。しかし、ふたりの関係にとって致命的なのは、嫌悪や軽蔑の感情です。そして、その感情の由来は、当人にもわからないことが多いのです。

「あなたを嫌悪している」という相手と暮らし続けることは、わたしにはできません。なぜなら、そのことによって、いつか必ず、そんな自分自身を嫌悪することになるだろうから。

夫の、相談者への嫌悪が、理不尽で一時的なものなのか、そうではないのか。わたしにはわかりません。けれど、少なくとも一度、お二人は徹底して話し合う必要があるでしょう。

相談者は夫の気持ちを心配されています。けれど、いちばん大切で、考えるべきなのは、相談者自身の気持ち（とりわけ夫への）と人生だと思います。

Q 怒鳴る夫を変えたい

夫婦共働きで9歳と7歳の姉妹を育てる母です。いつも子どもたちにイライラして大きな声で怒ってしまいます。夫は私の怒鳴り声にイライラして「怒鳴るな！」と怒鳴ります。子どもに大きな声で怒る私も悪いですが、そんな夫がとても嫌です。私が怒鳴らずに注意すればいいのですが、私に輪をかけて怒鳴る夫に納得できません。人を嫌な気持ちにさせる夫を変えるにはどうしたらいいでしょう。

（45歳・女性）

A

「私のお父さんとお母さんはいつも怒鳴っています。最初に怒鳴るのはお母さんで、わたしたちを怒る時いつも怒鳴ります。すると、お父さんが『怒鳴るな！』と怒鳴り返す。今度はお母さんが『怒鳴るな！って怒鳴らないでよ！』と怒鳴ります。とまた、お父さんが……。以下、繰り返し、です。どうすれば、怒鳴り声を聞かないですむでしょう。ほんとにつらいです」

これは、あなたの娘さんたちが毎日新聞に投稿した人生相談……というのは冗談ですが、現在、あなたの家庭では、このようなことが行われています。これを読んでどう思われますか？　まず緊急になさるべきなのは、「夫を変える」ことではなく、最初の怒鳴り先であるあなたの怒鳴り声を止めることでしょう。出火原因をつきとめるより、まず火を消してください。そうじゃないと、子どもたちが、あまりに可哀そうです。

「嫌な気持ちにさせる夫がイヤ」というあなたの言い分もわからないではありません。でも、いいですか。人間関係において、相手を変えることは、ほぼ不可能です。可能なのは、自分が変わってみることだけです。それではなんだか、自分だけ損するみたい？　何を言ってるんですか。いちばん損をしているのは子どもたちです！　っていうか、いちばん怒鳴りたいのは子どもたちですよ。子どもたちに申し訳ないと思ったら、怒鳴るのは全面禁止です。まず、あなたから。以上！

Q 夫の心変わりで前向きな気持ちになれない

2年前に女子高教師の夫が40歳も年下の教え子に好きだと言われ、夫も彼女を好きになってしまったことがありました。精神的な部分だけで体の関係はないとのこと。ゴタゴタしましたが、今は落ち着きを取り戻すよう自分に言い聞かせて過ごしています。ただ、何をしてもむなしく前向きな気持ちになれません。どうしたら立ち直れますか。夫と仲が悪いわけではないですが、話すこともあまりないです。

（54歳・女性）

A

ずっと若かった頃、大切な恋人がいました。けれど、気がついた時、彼女には他に恋する相手がいたのです。わたしよりはるかに年上の男性でした。肉体関係はなかったそうです。結局、彼らは別れました。わたしを尊重してくれたのです。けれど、傷ついたわたしは彼女を受け入れることができませんでした。裏切ったままにしておいてくれたのなら、肉体関係があったのなら、わたしはそれほどまで傷つかなかったでしょう。

打ちのめされたのだと思います。わたしと彼女の間には恋愛しかなかったのに、彼らの間にはもっと深い「お互いの孤独を理解し合う」「人間的」関係があったように思えたからです。

あなたの悩みは、その頃のわたしの悩みに似ていますね。夫が単なる浮気者なら、それほどまで苦しまなかったでしょう。

一緒にいたくないのなら、別れてもかまいません。けれども、それでは、あなたの心の渇きは癒やされないと思います。

あなたと夫は、かつては愛し合ったことがあったのかもしれません。時がたてば、「恋人たち」は「夫と妻」に、あるいは「父親と母親」に変わります。あなたもそんな目で見てはいませんか。相手を「人間」として、悩み、苦しみ、間違いを犯し、同時に他人を思いやることもできる矛盾に満ちた存在として、見るべき時期がやって来たのかもしれません。どんな関係も、更新し続けなければ、根元から枯れ果ててしまうのです。

Q 70歳の夫　同居がつらい

70歳の夫は幼児期にポリオを患い左足がやや不自由です。定年退職した後は、寝る時も起きている時と同じ服で、家に閉じこもりきり。遠からず私が介護することになるでしょう。義父を介護していた時、夫は日曜日も出かけてしまい私は1週間休みなし。この人から離れられたらどんなにいいだろうと思います。離婚を考えたり、何とか現状維持できないかと考えたり……どう向き合えばいいのでしょう。

（65歳・女性）

A

「自分」がいちばん大切で、他のすべてに無関心。そんな人と共に生きてゆくことが不毛であるのは当然に思えます。だから、「離婚して、これからの生涯を、自分のために生きてください」と答えれば、間違いはないでしょう。だが、それでもなお、問題は残るのです。

わたしの父も、相談者の夫と同じように、家のことはすべて妻に任せ、たまに家にいれば、一切何もしない、典型的な「古い父親」でした。そんな父と、母は別居したのですが、そのためには、長い準備の時間があったように思います。

「ひとりで生きてゆく」ために、生きる術《すべ》を学び、支えてくれる仲間・友人を作り、「その日」に備えていたのです。いまよりもはるかに、女性がひとりで生きることが難しい時代、生半可《なまはんか》な気持ちではなかったでしょう。それほどに「自由」に憧れる思いが強かったのです。

あなたはどんな準備をしてきましたか？　どうしても自由が欲しいと、心の底から願っていましたか？　あなたは、ひとりになれるほど強いですか？

母が決然と家を出て、ひとりぼっちになった後、家事など一切したことがなかった父は、やがて、すべての家事をこなせるようになりました。ひとりで生きることができる人間になったのです。ふたりで暮らすためには、どちらもひとりで生きることができる人間でなければなりません。それに気づくのは遅かったのですが。

Q 単身赴任の夫、家族に関心ない

夫は単身赴任4年目で、残りあと2年の予定です。一緒に行くと言った私に「嫁は自分の実家が近い方が良い」などと強引に単身赴任しました。離れて暮らしてから子どもへの関心がどんどん低くなっているのを感じます。ここ2年は2カ月に1度帰る程度で子どもの気持ちを思うと不満が募ります。最近では「現地で転職したい」と言い出し、そうなると今後一緒に住めなくなります。どうすればよいのでしょうか。

（43歳・女性）

A

相談者の夫は、もともと家庭生活が向いていない男性だったように思えます。彼にとって、「単身赴任」は家庭という居心地の悪い場所から逃避する絶好のチャンスだったのでしょう。最低限の「罰金」として生活費を送ること、それが彼の考える「父（夫）としての義務」なのかもしれません。そんな夫は彼だけではないでしょうが。

このまま、「心ならずも単身赴任をしている夫」と「帰宅を待ち望む愛妻」の「ふり」をしていてもかまいません。そんな夫婦も少なくはないのですから。その結果、この家の実態を見抜いてしまった子どもたちが、両親への深い落胆と侮蔑を感じることになったとしても。

夫は、さまざまな理由をつけて、家には近づこうとしないでしょう。だが、やがて時が過ぎ、子どもたちも出てゆき、夫もリタイアして家に戻らねばならない日がやってきます。その時、あなたたちに、話すべき何かが残っているでしょうか。目の前にいる理解できない他人と、そのまま暮らしてゆくことは可能なのでしょうか。

わたしは男性ですが、あなたの立場にいるとしたら、彼が働く場所に赴き、そもそも、この夫婦関係を継続することに意味があるのかを夫に問うだろうと思います。大切なのは、その時、夫が、あなたの問いに向き合える人間なのかどうかです。

もちろん、あなたもまた、その問いに向かい合うしかないのですが。

Q 妻との接し方がわからない

妻は元から少し精神的に弱かったのですが、一昨年、子どもが生まれてからいつも疲れたといいます。負担を減らそうと私の両親と二世帯生活を始めましたが、相変わらずよくよくよしています。どうしたいか聞くと、「ひとりの時間が欲しい」「旅行したい」というのでそうしたのに、疲れて楽しそうでない。「こっちも我慢しているんだ」と言うと、泣いて謝るばかり。どう接したらよいのでしょうか。

（36歳・男性）

A

わたしの知っている、ある夫婦の例をお話しします。

ふたりは、障害を乗り越え、愛し合って結婚しました。やがて、子どもも生まれ、ふたりは真に幸せな夫婦に見えました。ところが、少しずつ、妻の精神は不安定になり、よく泣くようになりました。経済的に問題はなく、子どもは健康で、夫は子育てや家事にも熱心でしたし、妻や夫の実家との関係も良好でした。困惑した夫は、妻に訊《たず》ねたのです。「どうして？」と。すると、妻はこう答えました。「なんの不満もないわ。あなたは優しいし、子どもも可愛い。でも、わたしの幸せはここにはない気がするの。わがままっていわれるわよね。わかってるの。でも、家事をしながら、毎日過ごしていると息苦しくなってくるの。ごめんなさい」

夫は驚き、それから深く考えました。妻の言うことがわかったわけではありません。けれども、「わたしの幸せはここにはない」という気持ちに嘘《うそ》がないことだけはわかったのです。

夫は決断し、妻は独り暮らしを始めました。妻はときどき戻って、愛する子どもの世話をしました。そして、少しずつ、元気を取り戻していったのです。

相談者の妻の思いも、「わたしの幸せはここにはない」ということのような気がします。それは、人間にとってもっとも動かし難い感情の一つなのかもしれません。すべては、それをわかってあげることから始まると思います。

Q 姉にセクハラの夫、許せない

夫が私の姉にセクハラをしていました。3人の子どもがおり、夫が一時の感情で家庭を壊そうとしたのが悔しくてなりません。姉は美しく、夫も私より姉が良かったのかと落ち込み、幻滅しました。夫は反省して謝っています。子どものことを考え、経済的な面からも離婚しないほうが賢明と思います。でも、私の姉や両親を悲しませ、これまで築いた夫婦の信頼を傷つけたことは簡単に許せません。

（38歳・女性）

A

関係の修復は困難だと思います。それはあなたが「幻滅」ということばを使ったからです。ふたりの間にあるのが憎悪であるなら、関係が再生する可能性はあります。けれどもいったん「幻滅」したなら元に戻ることは難しいでしょう。子どもや生活のためと言い聞かせ、夫婦関係を続けても、死ぬまでずっとあなたは後悔すると思います。そんな生活に耐えられますか？

相談者とほぼ同じケースを知っています。女性は30代後半、小学生の子どもが2人、ずっと専業主婦でした。夫に手ひどく裏切られ、心底軽蔑した彼女は、自分自身にも「幻滅」したのです。死ぬほどイヤな相手に依存しないと生きていけない自分の無力さにです。彼女は夫に言いました。「あなたとは暮らせない。でも、わたしには生活能力がありません。夫の義務として5年間生活費を入れてください。その間に自活する能力をつけるつもりです」

そして、彼女は子育てをしつつ、勉強して資格をとり、同時に積極的に外にも出て、5年目には自活できるほどになりました。夫は（知人ですが）、「心から反省している。許してほしい」と謝罪しました。すると彼女はこう言いました。「もう怒ってないわ。でも、あなたとは暮らせない。あなたはわたしを成長させてくれないから」と。誰でも彼女のようにできるわけではありません。けれども、自分を助け出すことができるのは自分自身だけなんですよ。

Q 女の子妊娠　産みたいと思えず

夫が大好きな私。不妊治療をして精神的にまいり、諦めようとなったときに自然妊娠しました。夫は大喜びでしたが、私は静かな生活がなくなる、夫が取られるとまで考えてしまいます。不妊治療は夫のためで、できなければ諦めてくれると思ったのです。夫に似た男の子ならと思いましたが女の子。時間やお金、夫を取られる不安で、産みたいと思えません。母になれるか心配です。

（30歳・女性）

A

失礼を承知で申し上げますが、あなたはほんとうに誰かを、あるいは何かを好きになったことがあるのでしょうか？

生まれてくる子どもに愛を感じられないから、そう言っているのではありません。子どもたちが生まれる前はわたしもとまどっていただけでした。文面から伝わってくる、冷え冷えとしたあなたの内側の風景を見て、なんだか悲しくなったのです。

わたしの知る限り、誰かの（特に親の）愛を降り注ぐように受けた人間は、多くの場合、愛に溢《あふ》れた者に育ちます。それが時に誤った愛であるにせよ。

男の子なら愛せたかもしれないが、女の子はダメ？　その女の子があなただったとしたら？　あなたの母親が、あなたのことを考えるとき、「私の大切な時間やお金、夫を取られる不安で産みたいと思え」ない人だったら、あなたはどう思いますか。いや、もしかしたら、そうだったのかもしれない。だから、いまのあなたになったのかもしれませんね。

「愛せよ」と命令することはできません。誰にも。絶対に。

ですから、これはわたしの心からのお願いです。この世でたったひとり、ただひとりあなただけに向かって差し出された小さな手を拒まないであげてください。ほんとうにあなたを求めているのは、この世でその手だけかもしれない。そして、実は、その手だけが、あなたの心を温める能力を持っているのかもしれないのですから。

Ⅲ

家族って何ですか

Q 家族って何ですか

けんか続きだった両親が離婚し、家族というものがわかりません。父は自己中心的で昔は暴力的だったのに、今は「子どもと元妻のために尽くす人」を演じています。母は、いう事を聞かない私を嫌います。反抗的なときの自分は、父に似ていて気分が悪い。母は本当は優しい人で、比較的従順な妹と弟には愛情を持って接していますが、そんな姿を見るのが嫌です。家に居場所がない。家族とはこんなものでしょうか。

（16歳・女性）

A

小さい頃から、わたしは、「早く家を出たい」と思っていました。ギャンブルと酒が好きで、会社を何度もクビになった父、すぐに泣き言をいう母、絶え間ない夫婦げんか。ひどい家だ、ぼくは不幸だ。そう思っていました。他の家の子どもたちはみんな幸せに見えたのです。

確かに、「上」を見れば、もっと金持ちで、優しく仲のいい両親に囲まれた子どももいたでしょう。でも、「下」には、虐待で悩む子どももいたはずです。

あるとき、どんな「家庭」にも共通点があることに気づきました。それは、結局のところ、みんな「他人」だということです。親子でも、兄弟でも、ほんとうのところはお互いに理解できない。彼らが、わたしを理解できないのは悲しい。けれど、わたしも（あなたも）また、彼らのことをほんとうには理解することができないのです。

一刻も早く出ていきたかった家、何も理解してくれない両親。彼らのことがほんとうにわかった気になったのは、自分が彼らと同じ年齢に達し、自分と同じような子どもを育てるようになってからでした。

家の中で孤独なのは、あなただけでしょうか。他の家族も苦しんでいるのかもしれません。そのことをうまく表現できないのだとしても。

「いつか出てゆく場所で共に生きる、か弱い仲間」として家族に慈しみの気持ちを持って接してください。あなたにはその力があるはずです。

Q 親が憎くて嫌いです

親が憎くて嫌いです。小さい頃はたたかれたり、言葉で責められたりしました。親は他の兄弟に甘いのに、私だけは許さないという考えです。家にお金を入れるよう言われ、実行しているのは私だけです。実家に住んでおり、一人暮らしのための貯金をしています。将来結婚しても、相手の親に会わせるのも子どもを抱かせるのも嫌です。親との関係はこのままで良いでしょうか。

（21歳・女性）

A

あなたの親のほんとうの気持ちを類推することはできません。けれども、あなたの気持ちなら理解することができます。わたしもずっと、父親が大嫌いで、一刻も早く、家を出ることだけを考えていたのです。

あなたも、わたしと同じように、親を憎んでいるのなら、それで構わないと思います。子どもというものは、遅かれ早かれ、家を出て、「外」の世界に旅立つものなのですから。

けれども、一つ覚えておいてほしいことがあります。それは「親の呪い」についてです。

親は子どもに、愛情も注ぐけれど、「呪い」もかけるのです。それは、あなたが親から受け継ぐマイナスの部分です。

怒りっぽい親からは怒りっぽい子どもが、暴力的な親からは暴力的な子どもが育ちます。愛が薄い親からは、やはり愛の薄い子どもが育つでしょう。

あなたが親を「大嫌い」なのだとしたら、それは、世界を憎んでいる親があなたにかけた「親の呪い」のせいなのだと思います。あなたが親を憎めば憎むほど、それだけあなたは「親の呪い」に強く囚《とら》われることになるのです。

家を出るだけでは、あなたの「自立」は完成しません。あなたは、「親の呪い」も解かなければならない。「親への憎しみ」を、別の何かへの愛に変えてゆかねばならないのです。その「愛」がどんなものであるのかはわからないけれど。

Q ホストになった兄　やめさせる方法は

兄が大学を中退しホストになりました。中退と同時に兄は両親と縁を切りました。両親は兄がホストをしていることを知りません。兄とは電話だけは時々します。両親の前で兄の話題はタブーで最初から一人っ子であるかのような生活が2年前から続いています。兄は家に帰るつもりはないと断言していますが、なんとかホストをやめ、家に帰ってくるように説得する方法はないでしょうか。

（20代・女性）

A

まず第一に、お兄さんは、大学を中退して自活されているので、「家に帰る」必要はまったくありません。ふつうに自立されたわけなんだから。いつまでも家にいる方が問題ですよ。

それから、お兄さんが職業としてホストをされていることなんですが、いいじゃないですか！ カッコいい、っすよ。

水商売で安定性がない、とか、大企業や役所に比べて将来性や厚生が不安だ、とか言い出したら、わたしのような作家なんかどうするんですか（アイドルでも役者でもミュージシャンでも、いや、およそ自由業ならすべて）。もっと不安定ですよ。

とはいえ、実家とお兄さんの間が断絶してしまっているのは、良いことではありませんね。できれば、和解して良き関係になれたらいいでしょう。

一回、お兄さんの「職場」にみんなで行ってみてはどうですか？ いいと思うけどなあ。いきなり、ではショックかもしれないので、マンガの「夜王」（倉科遼・作、井上紀良・画）や「ギラギラ」（滝直毅・作、土田世紀・画、傑作です）を読み、勉強した上で行ってみましょう。

これは、ご両親にとっても、お兄さんにとっても、もしかしたら、あなたにとっても、高いハードルなのかもしれません。けれど、自分の職業に誇りを持って生きてゆくこと、そして、そのような生き方をしている人間を尊敬すること、それは誰にとっても守るべき大切なルールなんだと思います。

Q 父に人生を壊され、孤独

55歳でリストラされました。天涯孤独で、他人と話すのは2カ月に1度。精神安定剤と抗うつ薬をもらっています。思い返すと父は18年間、私に八つ当たりして私はいつもびくびくしていました。父の影響で田舎の大学の一番嫌いな学科に行き、嫌いな業界に入りました。42歳で見合いを始め結婚できませんでした。楽しみもお金もなく、ごみのような人生が終わり、孤立無援。生きていく気力が全くありません。

（61歳・男性）

A

1892年、アメリカに生まれたヘンリー・ダーガーは、少年の頃、唯一の家族だった父と死に別れ、知的障害児の施設を脱走して後、17歳から高齢でクビになる71歳まで病院の清掃員をして過ごしました。友人も家族もなく、小さなアパートの一室と職場と教会を巡るだけの生涯をおくり、絶望的な貧困の中、最後はキリスト教の介護施設に送られて81歳で亡くなります。残された荷物を捨てるため、彼の部屋に入った大家は、そのごみの山の中に、世界最長の小説とそのために描かれた膨大な挿絵を発見しました。誰にも知られることなく、自身のために半世紀以上にわたり作品を描きつづけていたのです。すべては自己流で、貧しさ故に、画材を買う金すらなく、ごみ箱から調達するしかありませんでした。いま、彼は、20世紀最大の美術家のひとりと呼ばれています。彼は幸福だったのでしょうか？　それとも不幸だったのでしょうか。

あなたの人生を意味あるものにすることができるのはあなただけです。なぜなら、その人の人生は、その人が作り上げる「作品」だからです。他の誰も手助けすることはできません。放棄するのも自由です。

孤独や虚無を抱えていない人間はいません。表面上はどうあれ。仮に持ち合わせが何もなくとも、生涯のどこかにあった喜びの記憶の一瞬を元手にして、生きる意味を作り上げてゆくしかありません。あなたの日々に、日が差しこみますように。

Q 働かぬ父、支える必要あるか

私の父は64歳で、50代で働くことをやめました。貯金もありません。今は母と姉と私で家計を支えていますが、それを当たり前に受け取り、感謝の気持ちもなく、懸命に働く母へ暴言。それを指摘すると逆ギレします。この環境を変えようと模索しますが、いい答えが出ません。私の家計も正直苦しいです。育ててくれた親だからと割り切って、父の支援をしていかなければならないのでしょうか。

（25歳・女性）

A

大学3年の夏休み、実家に帰省すると、家の前の道で父と母が大声で喧嘩《けんか》をし、運送屋と弟が、呆然《ぼうぜん》とした顔つきで突っ立っていました。長年、父から筆舌に尽くし難い苦しみを受けてきた母が黙って家出しようとし、その現場をたまたま戻ってきた父が見つけたのでした。驚くべき偶然の連鎖だったのです。

父のもとに近よったとき、わたしの口から自分でも思いも寄らぬことばが溢《あふ》れました。

「あなたのせいで、ぼくたちはずっと苦しんできた。もうママを解放してあげてください。ぼくたちはもう一緒には暮らせないよ。だってぼくはあなたを心の底から軽蔑しているから」

父は、何を言われたのか、一瞬理解できないようでした。けれど少しして、父は「出ていけばいい」とだけ呟《つぶや》き、背中を向けて家の中に入っていきました。

家族は永遠に続くものでも、何があっても守られるべきものでもないと思います。それに参加する者が、互いに誠実であるときだけ持続できるものです。そうでなければ、家族もまた存立の意味を失います。そのときには、家族の誰かが、解散を告げるべきなのかもしれません。そもそも成人すれば、親から離れるのが当然であることを前提とした上で、なお、現在の、相談者の家族は解散した方がいいように思います。

全員が集まった上で、あなた方姉妹やお母さまの思いの丈を父親に述べる。まず、そこから始めてみてはどうでしょう。

Q 父が暴力。実家の母と妹が心配

大学進学のため上京しましたが、実家の母と妹が心配で夜も十分に眠れません。父が家族に暴力をふるったことがフラッシュバックするからです。父は不倫をしていると暴力がひどくなり、今もその状態です。最近は実家に1万円ほどしか渡さず、私の学費も払わないと言います。文句を言うと「俺が食わせてやっている。親は敬うものだ」と反論します。父との関係、どうすべきでしょうか。

（20歳・男性）

A

相談者の父親のように、家族を暴力で支配しようとする人間はいつの時代にも存在します。残念なことに、彼らは、どんな言葉にも耳をかたむけません。もちろん、このままの状態がいいはずがありません。

暴力で家族を支配するような父親から、あなたは離れるべきでしょう。経済的には大変ですが、わたしの教え子たちの中にも独力で通学している学生はいます。問題は、残される家族です。あなたが、もし家を出れば、残る家族への暴力はさらに増すでしょう。それをわかった上で、彼らを置き去りにすることがあなたにできるでしょうか？　わたしならどうするか、というお話をします。

わたしなら、父親と決着をつけようと思うでしょう。家族と共に、です。彼は対話に応じず、暴力的行動にでるでしょう。そのとき、あなたは彼に立ち向かえますか？　家族に勇気を与えられますか？　わたしは「非暴力主義者」ですが「絶対に」ではありません。「暴力によって人間としての尊厳が奪われ、その状態に反抗すると暴力がさらに加えられる場合」に限り、暴力も否定しません。暴力で支配される人間は反抗する意志を失います。あなたの家族は、そんな状態に陥っているかもしれません。暴力で支配する人間がいちばん恐れるのは、膝を屈しない相手です。あなたの父親のような人間はずいぶん見てきました。みんな見かけ倒しです。大丈夫、全然怖くないからね。

Q 父の不貞を恨む母の暴走が止まらない

来月81歳になる母は、数年前から父の介護を一人で担っていました。昨年、父が施設に入所後、父が何人もの女性と不貞をはたらいていたことが発覚し父に暴力を振るったり、相手の女性を探り当てたりするなど、母の暴走が止まりません。昔から独りよがりで、家族や友達も近寄らなくなり、一日中、父や周囲への恨みを募らせているようです。今後どう母に接していけばいいのでしょう。

（50代・女性）

A

わたしの父は浮気者でギャンブル依存症で嘘《うそ》つきのどうしようもない人間でした。わたしは心底父が嫌いで、だから、父が亡くなったときにも少しも悲しくはありませんでした。それから十数年がたち、ある日、幼い長男の歯を洗面所で磨かせていたとき、目の前の鏡に父が映っていました。幽霊ではありません。父とそっくりになっていた自分の姿でした。その瞬間、ずっと忘れていた、父がわたしを大事にしてくれた思い出がよみがえったのです。わたしは不快な記憶だけを覚えていて、愛に溢《あふ》れた記憶は封印していたのです。

お母さまはもうかつてのお母さまではなく、おそらくは、感情のみで動く子どものような世界に戻ってしまわれたのでしょう。もしかしたら、人は最後には、みんなそんな世界に戻ってしまうのかもしれません。でも、お母さまが、あなたたち子どもを何よりも愛《いと》おしく思っていたことを忘れてはいけないように思います（そんなときがあったはずです）。仮にお母さま自身が忘れてしまっていたとしても。そして、そんなお母さまの姿は、未来のあなたの姿なのかもしれないのです。

子どもにとって最後の仕事は、子どもに戻った自分の親に対して、その親になることのような気がします。子どもがどんなにバカなことをしても、親は決して嫌いになったりしないでしょう？　だから、嫌わないであげてください。もうあなたにとって、子どもなんですから。

Q 姉と比べられコンプレックス

姉にコンプレックスを持っています。姉は医学部に入り、英語もペラペラで、部活でもインターハイに出て、行動力もあります。親は姉と比べるような発言が増えました。最近は親と顔を合わせるのが何だか怖くて、自分が傷つかないように心に薄いセメントを塗っている感じです。人と比べても意味がない、と自分に言い聞かせてはいるのですが、この闇から逃れられそうにありません。

（18歳・女性）

A

小学生の頃、父が経営していた鉄工所が倒産して以来、わたしの家は貧しく、それがコンプレックスで友達を自宅に呼んだことがありませんでした。中高校生の頃は、容貌に深いコンプレックスがあり本気で死にたいと思ったこともありました。大学を中退して、定職につけなかった二十代はそのことを知られるのがイヤで、友人や親戚とすべての関係を絶ちました。三十代になって作家になり、ようやくコンプレックスから逃れられると思ったら、そんなことは全くありませんでした。書くことはいつも恥ずかしいのです。誰がどんな目で見ているのだろう、過去の偉大な作家の作品と比べるなら、自分のものはゴミみたいなものではないかって。贅沢《ぜいたく》な悩みだと思われますか？　日本文学が続く限り永遠にその名を残すと思われる太宰治がコンプレックスの塊だったことは有名です。なにしろ「生れて、すみません」ですからね。どんな場所にいても他人との比較に悩むのが、人間の宿命なのでしょう。お姉さんも、あなたとは異なった種類のコンプレックスを抱えているのかもしれません。また、逆に、あなたに対してコンプレックスを抱く人だっているかもしれないのです。

わたしは、コンプレックスを抱くことは、傷でも闇でもなく、「常に謙虚であるように」と神様が贈ってくれた能力だと思うようになりました。コンプレックスがない人間なんかと、つきあいたくないですよ！

Q 姉ばかり手助けしていると不満言う次女

既婚の娘が2人います。長女には未就学児が2人、次女には子がいません。仲良くやってきましたが孫の就学を機に長女一家と実家の敷地内に同居を予定。家の完成が間近になって次女が同居に反対してきました。姉ばかり手助けしていると映るようです。むしろ次女に手をかけてきたつもりなのに。修復しようにも応じてくれず、音信不通状態です。育て方に問題があったのでしょうか。

（62歳・女性）

A

親であるあなた（姉妹の父親であるあなたの夫がいらっしゃるとしてその方も）が悪いですね、百パーセント。と書いても、なにが悪いのかおわかりにならないかもしれません。

親の仕事は、子どもを育てることです。そして、その最後の仕事は、自立させることなのです。つまり、子どもを親から離れさせることですね。そこまでやって、親の仕事は完了です。あなたたちは、それを放棄していますよ。だから、娘さん2人は、いまでも「親の庇護《ひご》を受けるのが当然と思っている」子どものままなんです。

実家の敷地内に建てる家の建設費は誰が出すのでしょう。あるいは、その孫たちの世話は誰がすることになるのでしょう。

妹さんの「お姉ちゃんばかり優遇して、不公平だ」という気持ちは、彼女が子どものままであることを示しています。彼女のせいではありません。そんなふうに育ててきて、そして、そんなあなたたちの思う通り、姉妹はふたりとも、子どものまま成長が止まってしまいました。

そのほんとうの理由は、あなたもまた親になることができなかった、子どものままだったからだと思います。

このままなら、お孫さんも同じ道を歩まれることになるかもしれません。

それを断ち切るためには、子どもたちを放り出すしかありません。そのことにいちばん耐えられないのは、あなた自身なのかもしれませんが。

Q 家族が情報を教えてくれない

6人家族の末っ子ですが、私だけいつも家族の出来事を後から知ります。姉が病気になり入院したときも直接教えられず、家族のLINE《ライン》で察する感じです。以前、家族に相談をすると「あなたが悪い」などと言われ、一人暮らしをしてから、連絡も少なくなりました。家族の情報が共有されないのは私が家族に深い話をしないからだと思います。どうにか関係を修復したいです。

（21歳・女性）

A

スマートフォンが普及し、SNS（ソーシャル・ネットワーキング・サービス）は誰もが使うものになりました。どちらもたいへん便利ですし、たとえばLINEは、わたしも大変重宝しています。でも、時々、これでいいのかなと思うときがあります。

　こんな写真を見ました。道路を通過してゆくエリザベス英女王の車列を、沿道の群衆が一斉にスマホを取り出し撮影しようとしています。まさに目の前を通り過ぎようとする女王の姿を自分の目で見ようとしているのは、スマホを持たない老婆ひとりでした。それ以外の人たちは誰も、自分の目で女王を見ようとはしていなかったのです。

　電車の乗客が全員、小さな画面に見入っている様子を見ていると、小さい頃に見た「情報統制が進んだ社会を描いたSF映画」の一シーンのようです。どうして、誰も窓の外の美しい風景を見ないのでしょう。

　あなたがほんとうに必要としているのは、家族の「情報」なんですか？　違いますよね。まずスマホを置き、家族の一人ひとりと順に、あなたの心の底の思いをお話しになってはどうでしょう。相手の目を見つめながら。

　もしかしたら、あなただけではなく、LINEでつながっている（と思いこんでいる）他の家族も、ことばでは表現しにくい疎外感を味わっているのかもしれません。あなたは、家族からは手を伸ばしてほしいと思っています。でも、手を伸ばす役割を与えられているのはあなたの方なのかもしれませんね。

Q 自分から連絡しない息子

34歳の息子が転職して、前の同僚だった女性の所へ行きました。以来2年半、自分からは一切連絡してきませんが、今は主夫をしているようです。前の職場をうつで辞め、応援しなければと思いつつ、あれだけ心配や世話をかけながら、彼の心の中には親の存在は一ミリもないのだと思います。こちらから動かない限り何も言ってこないでしょう。それとも何もしないほうがいいのでしょうか。

（59歳・女性）

A

20代の10年間、わたしは両親と連絡を一切とりませんでした。子どもも生まれ、生活は激変しましたが、何も知らせませんでした。いま考えてみれば、その理由は、「何を言っても、彼らには理解できないだろう」と思っていたからでしょう。

わたしの悩みや葛藤が両親に理解できるとは思えませんでした。何も理解できない人たちと話をしたくはなかったのです。

息子さんはうつで会社を辞め、会社の同僚だった女性のもとへ行き、主夫をされているのですね。その間、想像もできないほど多くの苦しみ、ためらい、決断の瞬間があったはずです。けれども、息子さんたちは自立して、二人だけの道を開いていこうとしているのでしょう。

失礼を承知で申し上げますが、文面を読ませていただく限り相談者に息子さんたちの苦悩が理解できるとは思えません。

仕事を辞め、親の庇護《ひご》のもと、何もしない、というわけではなく、成人した息子さんが、苦しみながら自らの道を進んでゆくのに文句をつける筋合いはありませんよ。

心の底から、息子さんたちを理解しようと努めてください。手段は、メールでも手紙でもかまいません。あなたの方からメッセージを送りつづけてあげなさい。「親の存在は一ミリもない」なんてケチ臭いことは言わないでください。親の愛情は無償です。子どもに、親より大切で大事な人ができたなんて、親として最高じゃないですか！

Q 家族に不幸が続き怖い

昨年から家族と私自身に良くないことばかりが続きます。父が入院、祖父も事故で入院、姉は事故、母は突然、亡くなりました。私も昨年末に体調不良で倒れ、つい先日は事故を起こしました。どうしてこんな不運が続くのか、毎日のように原因不明の不安や恐怖を感じており、心身ともにとても疲れてしまいました。4月から新社会人ですが、将来が怖くてたまりません。（22歳・女性）

A

事故に巻き込まれ、妻子を失った知人がいます。彼に過失は一切ありませんでした。病院のベッドですべてを知った彼は、生きる気力を失いかけていました。そんな彼に、医者はとどめを刺すように「お気の毒ですが、大きな障害が残るでしょう」と宣告したのです。そのとき、彼がどう感じたと思われますか。あまりに悲惨な運命を呪い、希望を完全になくしたと?

自分でも驚いたことに、彼にやって来たのは、凄《すさ》まじい怒りでした。彼は、自分を奈落に突き落とした「運命」に向かって、こう叫んだそうです。

「人間というものが、そんなことでダメになると思ってるのか? なめてんじゃねえぞ。おれを跪《ひざまず》かせたかったら、もっともっと不幸を持ってこい」

彼は恐るべき克己心でリハビリに励んで、仕事に復帰し、後に新しい伴侶を得ることになりました。

彼は、ふだんは温厚な人物でしたが、(彼にとっての) 正義が蹂躙《じゅうりん》されたと思うときには、心の底から怒ることができる人でした。あなたはどうですか? 不幸や不運は誰にでもやって来ます。そのとき、慌てふためき、恐れおののく者たちは、さらに、不幸や不運の餌食《えじき》となるのだと思います。

自分への不当な扱いを許してはなりません。人や組織はもちろん、それが運命であろうとも。あなたは憤るべきなのだと思います。運命に嘲笑されたくなかったら。

Q 母に仕事を辞めたことを責められつらい

1年前に会社を辞めました。その頃母の体調が悪く、母を思って報告しませんでした。それが最近「なんで私に言わなかったんたんね。聞いていたら最後までとどまれと言ったのに」などと言われるようになり、自分はだめな人間だと考えるようになりました。悪気はないのでしょうが、母の言葉が記憶に残り、小さい頃から傷ついています。大学生の子ども2人を一人で育てています。

（50代・女性）

A

他人を傷つけることばを平気で吐く人がいます。そして、当人はたいていそのことに無自覚……と書くと、みんな、その通りと思うでしょう。どうしてそんなことができるのか、って。

実は、ほとんどの人がそうやって、他人を傷つけています。わたしだって、例外じゃありません。自分のことばが、どんなふうに受けとられ、他人を傷つけているのか、気づかない。誰もが他人を傷つける。ただ、そのことを知っているか、知らないか、の違いがあるだけです。

お母さまを許してあげましょう。ことばの恐ろしさをよく知っているあなたの方が、自覚のないお母さまにとっては、親のような存在なんですから。

さて、お母さまを許してあげるなら、あなた自身も許してあげる必要があるでしょう。

女手一つで子どもたちを育てあげようとしているのですね。頑張られました。そんなあなたが、自分を否定するようなことばを（内心ではあれ）発したとします。もし、そのことを知ったら（そんな態度をとったら）、お子さんたちは、深く傷つくことでしょう。自分の母親が、自分自身の生涯を肯定できない、としたら、子どもにとって、それほど悲しいことはないのです。

親の役目は、ただ子どもを育てることだけじゃありません。「自分を肯定する」姿を、子どもたちに見せてあげなければならないのです。あなたにはできるはずです。こんなにも頑張ってこられたのだから。

Q 優等生の長男に見限られた

3年前から45歳の長男に見限られ、電話も通じなくなりました。本人が転勤の都合で3カ月実家に戻ってきたとき、「料理下手」と言われ夕食を作らなかったのです。朝食は5品以上用意しましたが「親と思わない」と言われ……。長男は亡き夫と同じ国立大を出た優等生。世渡り上手の次男に比べ人付き合いが苦手で、出世は遅れています。まもなく死ぬので、もう少し優しくしてほしい。

（80歳・女性）

A

長いお手紙感謝します。ほんとうに考えさせられました。

相談者は、ご長男からの一方的な「絶縁」に悩まれています。誰が考えても、すべて、非はご長男にあると思います。

ご長男は、わがままで、転勤時の数カ月、80歳近い相談者からまともに「世話」をされなかったことに腹を立てた。また、高い学歴なのに、出世もままならず鬱屈した思いを抱いているようにも見えます。それもまた、他人を思いやることができない性格のためだと思います。現在の境遇は「身から出たサビ」というべきでしょう。それにもかかわらず、その憤りを高齢の母親にぶつけるとは、大馬鹿者というしかありません。どれほどことばを尽くしても、ご長男には相談者のお気持ちを理解することはできないでしょう。ご長男は、いつからかすっかり心を閉ざしてしまわれたのです。

幾つになっても親は子どものことを心配するものですね。わたしにできるアドバイスは、あなたの心情を手紙に書いて残すことです。そして、あなたが亡くなられた後、ご長男が読めるようにしておいてください。

頑《かたく》なで愚かな自分を、それでも無償の愛情で包もうとしてくれたただひとりの人がいたことを、ご長男はあなたがいなくなった後に気づくことになるでしょう。それが親が子どもに残す最後のプレゼントになると思います。愛情は十分にお与えになりました。残りの日々は、ご自分のためにお使いください。

Q 頭の良い次男が鉄工所を継ぎたいと言う

夫は小さな鉄工所の三代目。賞与も退職金も無く休みは日曜のみ。常に鼻の穴は真っ黒ですが、老後も死ぬまで仕事があると喜んでいます。でも今年、中1になる次男が「お父さんの会社で働きたい」と言ったとき、二人してアカンと言ってしまいました。次男は頭が良く、期待しています。貧困の連鎖にならないか悩んでいます。次男の人生、親としてどう助言すればいいのでしょうか。

（45歳・女性）

A

相談者の次男は、ほんとうに「頭が良い」お子さんなんだな、と思いました。「試験の成績がいい」「偏差値が高い」ことは「頭が良い」とは直接むすびつきません。わたしの考えでは、「頭が良い」（すなわち「知性がある」）人間とは、ものごとを深く考えることができ、そして、自分の人生を自分で決めることができる者のことです。

　わたしは、いま、大学で教えていますが、多くの学生たちが進路で悩んでいます。それは、自分が、社会が教える（あるいは「押しつける」）進路にベルトコンベヤー式に乗っているだけなのではないか、という悩みです。自分の生き方を自分で決められない悩み、と言い換えてもいいかもしれません。

　お子さんは、中学1年という一般的には早いと思われる時期に、自分の人生を、父親の仕事を継ぐ、という形で決めていきたいと思われました。そのために、いろいろ考えたはずです。

　もちろん、これから先、彼の意思が変わることがあるかもしれません。仮に、仕事を継いだとして、うまくいかないこともあるかもしれません。けれども、自分で考え自分で決めた、ということは、彼にとって素晴らしい経験になると思います。何より、ご両親は、お子さんと、「仕事」という、くめども尽きぬ共通の話題ができたわけです。自分の親に、誇りを持たせてくれるお子さんなんですね。最高じゃないですか！

Q 息子3人と疎遠。孤独で生きる支えがない

息子が3人おり、長男は結婚して2人は独身です。みな遠く離れて住み、疎遠です。私は主人と飲食店をしていますが、経済的に困難です。優しくまじめな主人に文句はありませんが、孤独を感じ恐ろしくなります。連絡してこないわが子に、「男の子はそんなものだ」と主人は言いますが、この先、何を支えに生きればいいのでしょう。

（58歳・女性）

A

いったん家を出たら、子どもたちは帰って来ない。とりわけ、男の子たちは連絡さえしない……というのは本当だと思います（わたしもそうでした）。そのことに対する相談者の悲しみや不満も理解はできます。けれども、それは祝福することではあっても、文句をいうことではありません。やがてみんな出てゆきます。残

された者たちには、自分の人生に立ち向かう責務があります。そのことを考えるために、わたしたちは日々学んできたのではないでしょうか。

以前書いたことがありますが、わたしの両親は子どもたちが出ていった後、別居し、それぞれに働いて暮らしました。裕福ではありませんでしたが、自分の楽しみを見つけ、熱中していました。母親なぞ、熱狂的なファンになった森進一のコンサートに髪を金髪にしてやって来ました（70歳を過ぎて！）。子どもたちより、母の方が面白い人でした。もちろん、母にも、鬱屈があり、一人暮らしの孤独があったでしょう。けれども、そんなことは口にしませんでした。自分を楽しく、明るくすることに力を注ぎました。それが、親の最後の仕事だと気づいたのだと思います。

子どもたちが来るのを待たず、嵐のように、子どもたちのところに勝手にやって来て、好きなことをして帰っていきました。そのことによって、一度、途切れた子どもとのコミュニケーションを、彼女は自力で回復させたのです。

Q 二世帯住宅で暮らす母の元に弟が入りびたる

二世帯住宅で暮らす母が、父の葬儀後に妻を侮辱し始めました。「おまえには土地を渡さない」と言い、父の一周忌は私たち夫婦が留守の時に営まれました。万一の時は弟夫婦に面倒をみてもらうといい、弟は毎日母の家に来て時には夜まで居座り、合鍵まで持って入り込みます。弟に母の面倒をみる気はなく、一方で「ここは俺の実家だ」と取り合いません。弟をどうしたらいいでしょう。

（60歳・男性）

A

どういう理由で、お母さまは、あなた方ご夫婦とうまくいかなくなったのでしょう。もしかしたら、たいした原因ではなかったのかもしれません。あるいは、あなたたちも気づかなかった原因が、どこかにあったのかもしれません。ほんとうは、そこを探り当て、解決の手段を考えるべきなのでしょう。しかし、どんな理由から始まったにせよ、一度こじれた関係を修復することは、親子あるいは兄弟故《ゆえ》に余計難しいと思います。

とにかく、その結果、弟さん（とその家族）が、お母さまのところに入りこむようになった。文面を読ませていただく限りは、お母さまも弟さんもどうかしていると思います。そして、どうかしている人に文句をつけても、色よい返事が返ってくることはありません。気がつかないんだものね。残念なことに。

こういう場合、わたしなら、どうするか。「ラッキー！」と思うことにしますね。だってですよ。弟さんがお母さまのところに毎日入りびたって、お母さまの相手をしてくれているわけです。おかげであなたは、お母さまの相手をするという難事業から解放されたのです（すいません、別に母親と話をするのが苦痛といっているわけじゃありません！）。それにしても、連日のように、時には夜までお母さまと一緒にいることができるなんて、すごい能力ではありませんか。弟さんに日当を払ってもいいぐらいだ（と思うことにしてはどうでしょう）。

Q 次女の考えが理解できない

26歳の次女とぎくしゃくしています。次女は「家族が大好き」と言ってくれ、家族の記念日には贈り物やメッセージをくれます。ただ考え方や服装が理解できません。高校生の時に妊娠、専門学校はやめてしまい、外見は派手でタトゥーまで入り、夜のバイトもしていました。「お金をためて海外で暮らす」と言います。言いたいことを言うと、攻撃的な態度に豹変します。どう接すればいいのかわかりません。

（46歳・女性）

A

「家族が大好き」と言ってくれて、プレゼントもくれる。あのお、あなたが「問題」と思われているお嬢さんですが、同じ20代の頃のわたしより一万倍以上、いい子だと思うんですが。

その頃、わたしは、大学を勝手にやめ、2度離婚し、バイトも転々、養育費の支払いに汲々としながら暮らし、実家にほとんど連絡も入れていませんでした。けれど、怒られたり、説教されたりしたことはありません。

よく書くことですが、わたしの父は、事業に失敗して何度も家族解散を繰り返した上にギャンブル好き、母親も計画性がなくお金の計算がまるでできないダメな親でした。そのことを自覚していたのでしょう、彼らは子どもには寛大で「あんたは自由でええなあ。おれ（わたし）には、あんたのやってることの意味はわからんけど、好きにやればいいんやないか」というのが、「自由な生き方」ができなかったふたりの口癖でした。

他人にどのように生きるべきかを指図する権利は、誰にもありません。自分が選ぼうとしている自由という過酷な世界を前にして、お嬢さんは、逡巡している時期なのかもしれません。それを優しく見守ってあげられるのがあなたのはずです。

あなたは、お嬢さんのことをいまでもほんとうに愛《いと》おしく思っていますか？　そのことを自分自身に尋ねてください。それがわかれば、どのように接すればいいのかは、自然にわかると思います。

Q 同居の妹に優しくできない

同居する56歳の妹は、手先のしびれと腰の変形で仕事が遅く、何回か仕事を変わっています。「しんどいなら仕事を辞めて家事をして」との思いと「借金したり私の給料をあてにしたりせず、仕事を続けて」の思いがあり、優しくできません。契約社員の私の給料は年金と合わせて15万円、妹は約10万円。マンションを売り妹と離れて生きていくか、腹をくくって私が妹の生活を支えていくか悩んでいます。（60歳・女性）

A

妹さんがどんな性格なのか、家族や親戚は他にいるのか、いままでどんなふうに暮らしていたのか、わからないことが多いのですが、その上で、わたしの考えをお話しします。

あなたは還暦を迎えられました。そろそろ、「終わり」を見つめながら生きるべき時期ですね。あなたは「最後」に向かって準備を整えなければなりません。

では、どんな準備が必要なのでしょう。もちろん、経済的な余裕は大切です。けれども、それ以上に大切なものがあります。「人とのつながり」です。

あなたには、いざというとき、助けてくれる誰かがいますか？　相談に乗ってくれる誰か、心配してくれる誰か、駆けつけてくれる誰か、です。それは、家族かもしれません。友人か、知人か、働く先の誰かなのかもしれない。そんな人を、すぐに思いつくことができますか？

人間はひとりでは生きていけません。とりわけ、弱ってきてからは。そして、あなたを助けてくれる誰かは、自然に、あなたの周りに生まれるわけではありません。あなたを誰かが助けてくれる、優しくしてくれる、としたら、それはあなたが、誰かにそうしたからです。

妹さんとあなたはよく似ていませんか？　孤独で、他を寄せつけないところが。そして、2人とも誰かの助けを必要としています。まずあなたが先に、妹さんに手を差し伸べてください。2人で手をつないでいた幼い頃のことを思い出しながら。

Q 高2の息子、視力を失う恐れ

高校2年の息子が片目の視力をなくしました。両目とも視力を失う可能性も出てきました。今の医学では治療法がない病気です。なぜ気付いてあげられなかったのか、ただただ後悔です。今後が不安で仕方ありません。

本人もショックだったのでしょう。診察後は無口だった息子が、数時間後には明るく振る舞っているのを見て、私たちを気遣ってくれるのかと胸がつまる思いでした。親としてどう接すればいいでしょうか。

（54歳・女性）

A

数年前、イギリスにある「子どもホスピス」を訪ねた時、数百の子どもたちの生命を見守ってきた女性園長が、不意に、わたしにこう尋ねました。

「自分の生命が残り少ないことを知る子どもたちが何を心配するかわかりますか？」

「わかりません」と答えると、彼女はこういったのです。「残される親のことです。自分がどれほど親を悲しませてきたか、そして、死んでしまったらどれほどの悲嘆にくれるのか、それが彼らを苦しめるのです」

取材する少し前、こんな事件があったそうです。長い闘病生活の末、女の子が息を引きとったように見え、母親が泣き崩れました。その瞬間、亡くなったと思った女の子が目を開け、半身を起こし、母を食い入るように見つめたのです。担当者が「大丈夫よ、お母さんのことは心配しないで、わたしたちがいるから、わたしたちが守ってあげるから、心配しないでもう行っていいのよ」と優しく声をかけると、女の子は安心したように目を閉じ、二度と開けませんでした。

わたしは、そんな、限界に近い場所に置かれた子どもたちを取材して、彼らの愛は、おとなよりはるかに大きく、深いのではないかと思うようになりました。彼らこそ、ほんとうは親なのかもしれませんね。大丈夫、相談者の息子さんはすべてを理解していると思います。だったら、あなたのやるべきことはひとつしかありません。息子さんに負けないような愛を。

Q 我が子に迷惑をかけている

若い時から失敗ばかり。だまされて借金地獄となり、5年前に主人に愛想をつかされ離婚。残った私を妊婦の娘が気づかい食事に誘ってくれ、金銭面もまもなく就職する息子と娘から助けてもらう日々です。生活保護は微々たるもので、借金を返すとすぐに底をつきます。毎日必死で働いても空回り。私がいては娘と息子の将来の妨げになってしまう。子どもたちに何もしてあげられず申し訳なくつらいです。

（47歳・女性）

A

最近、小6の長男の評判がいいんです。「優しいしすごく頼りになる。なんでもやってくれる」と学校でいわれて、喜んでいます（親ばかです）。

妻は虚弱だし、ぼくは年老いていて、ふつうの父親にできることが何一つできません。そのことが理解できるようになってから、目に見えて、彼は「いい子」になりました。妻に言わせると「わたしたちがダメな親だから、いい子に育ったんじゃないの？　ダメでよかった！」だそうです（いや、ダメでいいってことはないんですけれどね）。

実は、妻の言うことは正しいとわたしは思っています。

わたしの両親は、典型的なダメ親でした（何度か書いたことがあります）。だから、わたしは、ずっと、早く大人になって家を出ようと思ってました。同時に、親というものはなんと脆《もろ》いものだろうと深い同情を禁じ得ませんでした。もしかしたら、途中で、わたしと親との関係は逆転していたのかもしれません。

親は庇護《ひご》する存在として子どもを養い、支えます。しかし、ときに、その力を失っても、今度は、庇護される立場になって、子どもを成長させることもできるのだ、と思います。

最後まで親でありつづける親もいれば、途中から「子どもの子ども」になる親もいます。どちらでもいいじゃありませんか。子どもさんたちは、みんなわかっていますよ。心苦しいというあなたの気持ちもね。

IV

ブサイクって言わないで！

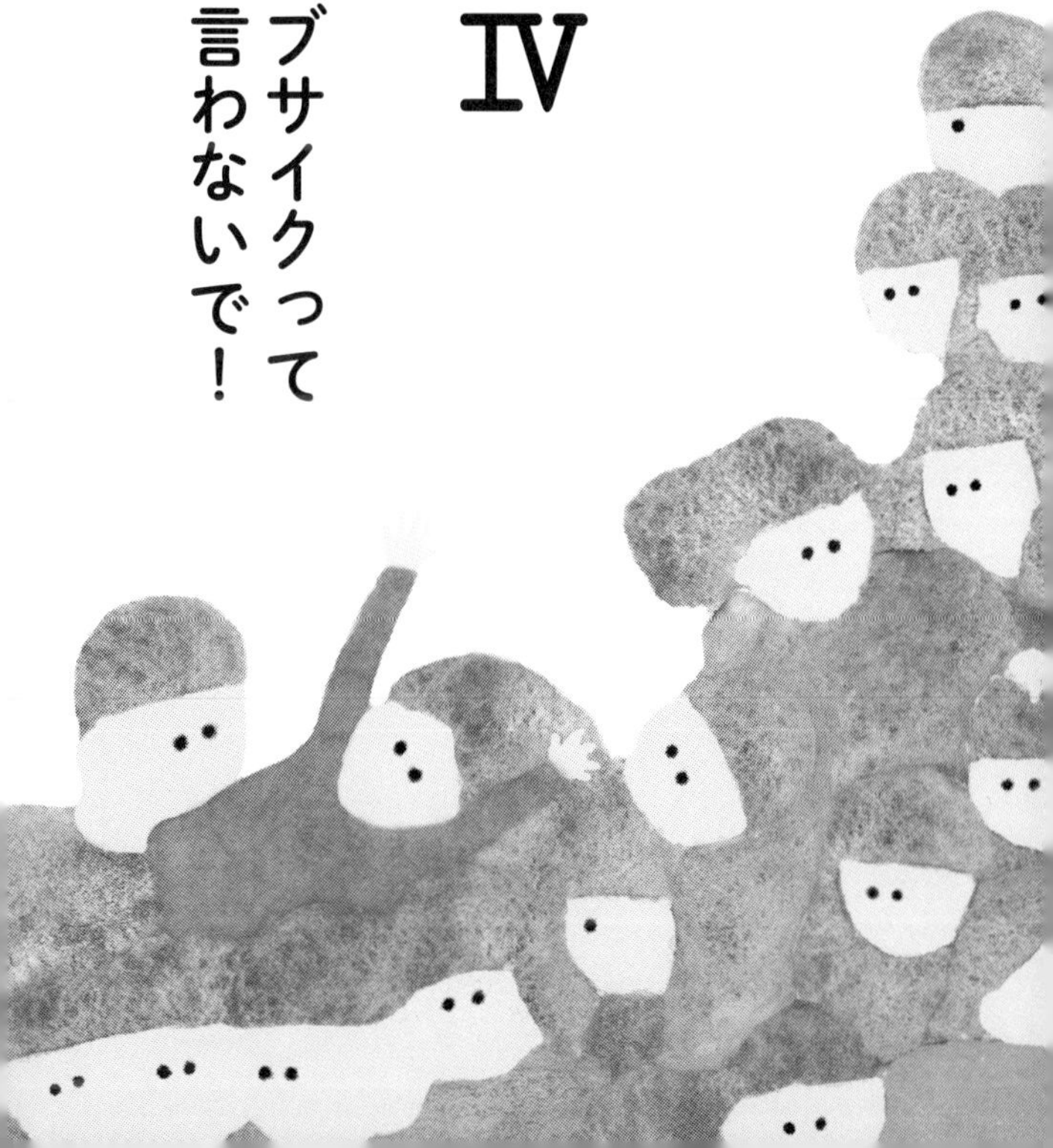

Q ブサイクって言わないで！

お付き合いしている男性との結婚を意識しています。父は孫をほしがっているようですが、彼の写真を見て「もう少し選んだ方がいいんじゃない？」「子どもに遺伝するよ」と言い、ブサイクだと揶揄《やゆ》します。普段は父と仲が良いのにケンカになります。彼は愛嬌《あいきょう》があります。それでも、「そんなにブサイクなのかな」と、思ってしまいそう。見た目ってそんなに大事でしょうか。

（28歳・女性）

A

おとうさん、ひどいですね。わたしが、すべての父親を（勝手に）代表して、あなたに謝罪します。ごめんなさい。

さて、どうしましょう。おとうさん、ひどいことをしているという自覚がないんですよね。ここはもう直球で行きましょう。直接しゃべってもいいし、手紙を渡してもいい。「これ読んで。わたし、しばらく、家を出るから」といって。たとえば、「拝啓おとうさん。わたし怒ってます。ものすごく。でも、それよりも、悲しいです。わたしを失望させないでください。おとうさんは、わたしの大切な、これからの人生を共に生きていこうと思う人のことを『ブサイク』ってからかいました。わたし、ほんとにショックだった。ねえ、おとうさん。おかあさんと結婚しようと思っていた頃、おかあさんのおとうさんが、おとうさんの写真を見て『こんなブサイクと結婚するな、子どもに遺伝する』って、おかあさんにいったとしたらどう思った？　おとうさん、傷つかない？　そういうことをいわれるおかあさんがかわいそうだと思わない？　そんな、外見で判断するような人を、心の底から軽蔑しない？　わたし、おとうさんに謝ってほしいんです。わたしに、じゃなく、おとうさんのことを大好きで尊敬してくれているみんなに。お願いだから、おとうさんを嫌いにさせないでください。いつまでも大好きなおとうさんのままでいてください」。

Q 可愛がっていた嫁、孫を連れ、出ていった

嫁が生後2カ月の孫を連れ、息子の留守に家を出ていきました。話し合いには応じず離婚を迫られ、理由もわからず離婚しました。私が嫁にメールしても「お義母《かあ》さん、ごめんなさい」もなく罵倒する言葉のみ。揚げ句の果て、孫が欲しければ新しい嫁をもらってくださいと言われました。私たち家族は嫁に感謝し、可愛がってきたつもり。毎日苦しみと憎しみで夜も寝られず泣いてばかりです。

（63歳・女性）

A

相談のお手紙を読み終わって、釈然としない思いになりました。「嫁」が家を出ていった理由はいったい何なのか。そのことについて、肝心の「息子」はどう思っているのか。それがいちばん重要なことであるのに、何も書かれていません。もしかしたら、それは相談者にも（「息子」にも）わかっていないのかもしれません。

わかったのは、相談者とそのご家族には、出ていかれた「嫁」の思いがどうなのかを考えたり想像したりする気持ちがまるでない、ということです。

どう考えても「毎日苦しみと憎しみで夜も寝られ」なくなりそうなのは、生まれてすぐの子どもを連れて、夫のもとを去っていかねばならない「嫁」の方ではないでしょうか。これからの人生を考えれば、ほんとうに「泣きたくなる」のは、あなた方ではなく、「嫁」の方のように思えます。

申し訳ありませんが、お手紙の文面から察することができるのは、あなた方家族の無神経さだけです。もしかしたら、「嫁」が家を出る決断をしたのは、そのせいかもしれません。わたしはもちろん、その決断を支持しますが。

あなた方の「悪いのは自分じゃない、相手だ」という自信は、どこから来るのでしょう。自分に悪いところはなかったのか、もしかしたら深く相手を傷つけたことがあるのではないか。一度、そのことを徹底して考えてみることをお勧めします。

Q 姑が夫婦に容赦なく口出し

同居の姑《しゅうとめ》に困っています。私たち夫婦に子どもがいないからと、すべてが気に入らず口出しがひどいのです。ずっと監視し、私の月の物の周期も把握。「ああ、今月もダメだったの」などと言われます。子どものことが私たち夫婦を苦しめ、そのせいで夫は性的不能になりましたし、私も姑を思い出し涙が出ます。子どもができるはずもありません。本当につらいです。

（37歳・女性）

A

もしかしたら、遅すぎるのかもしれませんが、一刻も早く、どんな手段を用いても、姑との同居を解消し、あなたたち夫婦は独立して、姑とは別の家庭を営まなければなりません。

夫婦はふたりで責任をもって作り上げる共同体です。どんなに親しい関係の人間であっても、アドバイス以上の関与はしてはいけないのです。

そのことを告げることができるのは、姑の息子であるあなたの夫以外にはいません。姑との同居があなたたち夫婦の関係を完全に壊してしまう前に、どのような感情の軋《あつ》轢《れき》があっても別居を決断するよう、そして、そのことでどれほど悩んできたかを正直に打ち明けてください……誰が考えても、こんな回答になるはずです。その上で、一つお願いがあります。この件で、姑を憎んだり軽蔑したりしないようにしてください。

確かに、姑は他人の思いを想像することもできない視野の狭い人なのかもしれない。でも、わたしたちはみんな、自分の狭い世界とそこでの経験から逃れることができないのです。

姑には、あなたたち夫婦の苦しみが理解できないのでしょう。けれども、姑は自分が嫁であった頃にされたことを、自然に繰り返しているだけなのかもしれません。自分とは異なる価値観で生きてきた、そしてそこから出ることのできない姑に寛容な気持ちで接してあげてください。姑と同じような人間にならないために。

Q 贈り物めぐりもめる妻と母

妻は物を贈りたがります。70代の母は早くも断捨離を始め、物欲がありません。母が「プレゼント不要」としているのに、妻は5000円のコンサートチケットを誕生日に郵送しました。困惑した母はチケットを返送。妻は「一方的に送った私も悪いが、送り返すのは大人の対応としておかしい」と激怒。さりとて直接抗議はできないので、イライラをすべて夫の私にぶつけてきます。

（36歳・男性）

A

なんと、わたしが回答する前に、相談者のお子さんからわたしのところに回答が送られてきています。掲載いたしますので、ぜひお読みください。

「ママはどうかしています。誰にでもプレゼントする。それはいいです。でも、いらないという人に贈って迷惑がられてキレるなんて、おかしいでしょ！

おばあちゃんもどうかしてます。断捨離はいいと思います。余計なものを持たないっていうのも。でも、他人が温かい気持ちで贈ったものまでいらないから送り返すって、なにそれ？　いらなくても、『ありがとう』って返事して、どこかに寄付すればいいんじゃないの。この世でいちばん大事なのは自分の気持ちなんですか？　それ、自己チューっていうんじゃないの。

でも、いちばんどうかしてるのはパパじゃないかと思います。ママもおばあちゃんも問題があるのに（もしかして、そう思ってないのかな）、何も言わない（言えない？）なんて、ダメじゃん。バシっと言いなよ！　あんたの妻でしょ、あんたのママでしょ。そういうの『ことなかれ主義』っていうんじゃないんですか。正直いって、うちの家族、会話がないんです。っていうか、他人を理解しようとしないの。そんな家族と暮らす子どもの身にもなってよ！　他人のことをわかろうと努めるのが『おとな』だとしたら、この家に、『おとな』はわたししかいないみたいです」

その通り！

Q 次男の交際相手に納得できない

29歳になる次男の交際相手に夫婦で納得できず悩んでいます。相手は27歳で遠距離交際が3、4年続き、そのうち熱が冷めると思っていたら「結婚を認めて」とあいさつに来ました。相手の服装や第一印象が悪く、将来子どもに宿題を教えられるのかも疑問です。子に忠告するのは親の役目だと思っています。私たちが認めれば誰も苦しまないのですが、どうしても彼女との結婚は許せません。

(55歳・女性)

A

正直に申し上げて、なにが問題なのか、わたしにはわかりませんでした。

憲法24条には「婚姻は、両性の合意のみに基いて成立し」と書いてあります。ご次男とその女性が結婚したいと思っていらっしゃるなら、それを止める権利は誰にもない、ということです。こうした婚姻の条件は大日本帝国憲法にはありませんでした。当時は、家長の意向を拒否することは難しかったのですね。

ご次男の結婚を「認められない」？　「許せない」？　その「上から目線」のことばづかいが、そもそもわたしにはまったく理解不能です。あなた方は、ご次男を自分の所有物だと思っているのですか？　ご次男は、独立した人格を持った大人なので、そもそも、あなた方に「認めてください」という必要もないのです。なのに、子としての礼を尽くして、わざわざ、そうおっしゃった。立派な方だ。それにいちゃもんをつけるなんて、非礼なのは、あなたたちの方でしょう。

百歩譲って、その女性が、どうしても気に食わないということは事実だとしましょう。その場合、親というものは、「この女性の良さが、わたしにはどうしてもわからない。けれども、息子が好きになったぐらいだから、わたしにはわからない良さがあるのだろう。なんとか頑張って理解してみよう」と思うものじゃないでしょうか。

人生のめでたい門出にあたって、理不尽なケチをつけられているご次男たちが気の毒です。

Q 母が妻につらく当たる

結婚半年で父が他界し、母、妻、私で同居。苦悩の始まりでした。征服欲が強く自己中心的な母。そろそろ子どもを考える年ですが、「なぜ作らない？　子どもいないのは未熟よ」と言います。共働きで母には世話になっていますが、心ない事も平気で発言する〝毒親〟。妻の方が何倍つらいかと母に言い聞かせますが、すぐに泣いてすね、妻につらく当たります。別居は並大抵のことではなく、私はどう振る舞うべきですか。

（31歳・男性）

A

何を考えているんですか？　悩んでる余裕なんかありませんよ。一刻も早く、お母さまと別居してください。っていうか、もう遅いかもしれませんけど。わたしが、あなたの奥さまなら、もうとっくに家を出てると思いますね。だって、あなた、まるで頼りにならないんだから。

ほんとに「苦悩」してるのは、奥さまの方だと思いますが。あなたは、「苦悩」から逃げてるだけじゃないでしょうか。

二人で家庭を作るということは、想像を絶する難事業です（なので、ぼくは何回も失敗してます。すいません……）。だというのに、非協力的な第三者をその中に入れるなんて、自爆以外のなにものでもありません。

奥さまを選ぶか、お母さまを選ぶか、二者択一。どうします？　そこで、一瞬、どうしようと思うようだったら、奥さまに「この人とは別れて、もっといい人を探した方がいいですよ。見込みないから」というぼくからの伝言があるとお伝えください。

父親が亡くなったあと、いまは亡き母親に「一緒に住む？」と聞いたときの返答を、あなた（とお母さま）に送ります。

「嬉《うれ》しいけどやめとくわ。わたしは、姑《しゅうとめ》にイジメられて苦労したから、優しい姑になると思うけど、でも、姑って、いるだけでイヤなものなんや。そんなこと思われるのなんか堪忍や。あんたら二人だけの家を作り、そこで生きてゆきなさい。応援してるで」

以上です。

Q 別れた息子と孫を会わせたい

30代の次男は4年前、Aさんと結婚し一緒に暮らし始めましたが、Aさんは1カ月もしないうちに離婚を希望して実家に戻り、B君（孫）が生まれました。その後、離婚しましたが、次男と孫を会わせようとせず、養育費を払うから会わせてと言っても、いらないと言われます。

（60代・女性）

A

ご心配のことと思います。母親・祖母として、ご次男やお孫さんの心配をなさるのも当然でしょう。けれども、残念ながら、これは余人には踏み込むことのできない問題のように思われます。

Aさんとご次男の間に何が起こり、その結果、お二人、とりわけAさんがどのように考えることになったのか、それは、お二人にしかわからないことです。いや、もしかしたら、そのお二人にも定かにはわからないことなのかもしれません。

父子を会わせたくない、養育費もいらない、とAさんがおっしゃるなら、それはよほど強い決意があってのことでしょう。その気持ちを解きほぐすことができるのは、ご次男だけです。

離婚することになっても、親子であることに変わりはありません。Aさん母子が前を向いて生きてゆけるよう応援してあげるためにも、養育費はおくってあげてください（ちなみに、わたしも養育費を払っている身の上です）。

いつか、Aさんのわだかまりが消えるときが来るかもしれません。あるいは、B君が自分でご次男に会いたいと思うときが来るかもしれません。いや、そうではなく、Aさん、もしくは、ご次男に新しい出会いが訪れるかもしれません。

どのような結果になるにせよ、それは、お二人（あるいは三人）の人生であり、どんなに近い存在であろうと、見守ることしかできません。いや、実は静かに見守ることも、親の役割であるような気がするのですが。

Q 姑の次は義姉が大きな顔。夜も眠れません

長男の家に嫁いで今年で30年。姑《しゅうとめ》にいびられ、ずっと我慢と辛抱をしてきました。先月、姑が亡くなりました。少しは楽になると思い、喜んでいたのもつかの間、旦那の姉が毎日家に来て、勝手に上がり込みます。旦那がそれほど気にしないため、私は何も言えません。姉は「自分の実家」だと大きな顔をしており、もう顔も見たくありません。旦那にも言えずただ一人でストレスがたまって夜も眠れません。

（55歳・女性）

A

亡くなった母のことは何度か書いたことがあります。その母から「姑のいびり」のひどさについて、数えきれないほど聞きました。母が残した「遺言状」（という名前の自伝）も、いちばん多く割かれていたのはそれだったほどです。そして、

「姑のいびり」に長く耐えた母の出した結論は「自分の思うように生きる」ということでした。

「姑のいびり」は理不尽なものです。その「姑」は晩年、「あんなにイビったのにずっと我慢して、アホかと思った」と述懐したそうです。実にひどい。我慢すればするほど、理不尽ないびりはひどくなったのです。

相談者は、長く「姑のいびり」に悩み、いまは、勝手に上がり込む義姉に悩んでおられます。でも、ほんとうの問題は、姑や義姉ではなく、「自分の意見を言えない」あなた自身にあるように思えます。「旦那に何も言えずただ一人でストレスがたまる」ばかりだった母は、そんな自分を救い出すために、家を出る決心をしました。それは、ほんとうに彼女を苦しめていたのが「姑」（だけ）ではなく、彼女を理解しようとしない夫だったからです。いえ、そんな「姑」や「夫」に黙って従うだけの自分だったからです。

何を遠慮しているのですか。そこは、あなたとあなたの夫が作る家のはずでしょう？　イヤなことはイヤといってください。そうでなければ、相談者はいつまでも「何かの奴隷」です。

Q 仲の良い夫と義妹に嫉妬してしまう

結婚して1年半。義妹に対する夫の言動に嫉妬しています。2人はきょうだいで、義妹は離婚して隣の実家住まい。夫はたびたび会いに行きます。あるとき、義妹の外出時の服装に夫が「アイドルかと思った」と発言。違和感がわき起こりました。私には六つ上の兄がいますが遊んだ記憶は皆無、今も実家で顔をあわす程度。夫が私一人に愛を注いでくれたら……。無理な注文でしょうか。

（32歳・女性）

A

少し立場を変えて、考えてみてはどうでしょう。

あなたが結婚された後、あなたの実家の隣に住むようになったとします。実家には、結婚に失敗して戻ってきたお兄さんが住んでいる。あなたとお兄さんは、小さい頃から、とても仲のいい兄妹だった。

さて、隣に住んでいるわけだから、しょっちゅう会うわけです。当然「お兄ちゃん、元気？」と声をかけます。離婚問題で傷ついているかもしれない。なので、励ますべく「お兄ちゃん、カッコいいね。モテるんだろうなあ、行ってらっしゃい」ともいうでしょう。当然ですね。

するとあなたのご主人が「なんだよ、兄さん、兄さんって。おれだけ見てればいいんだよ。兄貴なんか放っておけばいいじゃん」とあなたにいう。イヤな感じがしませんか？　あるいは、こんなエゴイストだったのか、とガッカリするかも。

逆に、ご主人がこういったとすれば、どうでしょう。

「きみのところは、ぼくのところと違って、兄妹仲が良くてうらやましいなあ。きみがそんなに優しいのも、そういうところで育ったからなのか。わかった気がするよ。でも、その愛情、ぼくにも分けてね。ぼくは、妹からもらっていないから！」

ふたりで作る家庭を明るいものにしたいなら、マイナスではなくプラスのことを考えてみた方がいいと思います。ほんとに。

Q 息子夫婦と同居。嫁の言動に頭痛める日々

若くして結婚し収入が少ない息子夫婦。3人目の子どもができたときに手助けしようと二世帯住宅にして同居を始めましたが嫁の言動に頭を痛めています。以前から息子への暴言、子どもたちへの暴力があり、今も金切り声や手が出ます。朝も起きられず、子どもは朝食を食べずに登校。仕事は週1、2日なのに部屋は足の踏み場もない状態。息子は何も言えず、車や私たちの所帯に逃げています。

（61歳・女性）

A

失礼ですが、いちばん問題なのは、相談者であるあなたではないかと思います。

若くして結婚し収入の少ない息子夫婦を助けた、というのは立派なことです。けれども、それは、ほんとうに息子夫婦のためになったのでしょうか。

相談者が書かれているのは、すべて、「息子夫婦」の家庭の問題です。だとするなら、もっとも重要な当事者は、夫である、相談者の息子さん、ということになるでしょう。なのに、息子さんは「何も言えず、車や私たちの所帯に逃げて」いる。どうして、そんな情けない息子を強く叱れないのでしょう。わたしには、まったく理解できません。

書かれていることが事実なら、息子さんは、流されやすい人なのかもしれません。若くして結婚したのも、単なる勢いだったのかもしれない。そして、いまは現実に目をそむけて親の下へ逃げている。それは、失敗しても親が（というか、あなたが）助けてくれる、とどこかで思っているからなのではないでしょうか。

あなたは、お嫁さんが、3人も子育て中で、なおかつ仕事もしているのに、サボっているように書かれていました。孤立無援で、精神的にも肉体的にも追い詰められているのは彼女でしょう。わたしが、彼女の親なら、激怒して「そんな冷酷な家族のところにいる必要はない。さっさと離婚して戻って来い」と言いますが。

Q 家を買ったら離れて暮らす義母と関係悪化

車で10分の距離に住む、義理の父母との関係に悩んでいます。きっかけは私たち夫婦が買った家。「間取りが悪い」と言われ、義母が私に冷たい態度をとるようになり、出産時も孫を見に来てくれませんでした。購入に金銭援助はありません。夫は結婚するまで実家近くに住み、洗濯物も実家に任せていたそうです。私たちはもう一切関わらないほうがいいのでしょうか。

（32歳・女性）

A

ご相談は、簡単にいうと「金銭の援助をされたわけでもなく同居するわけでもないのに、自分たちで気に入った家の購入を反対され、そればかりか購入後は、露骨に冷たくされるようになった夫の実家との付き合い方」ですね。書かれたこと以外のことをいろいろ想像してみても、あなた方夫婦の落ち度を見つけることはできません。これ以上、関係改善に努力しても無駄だと思います。というか、ほんとうのところ、これは、あなたが悩む事案ではなく、あなたの夫が悩むべきことだと思います。

あなたの夫は、結婚されるまで実家の近くで暮らし、いろいろ頼っていらしたようです。それ故《ゆえ》、義父母にとっては「自立しない子ども」にしか見えないのかもしれません。あなたは、わたしに相談されたことを、あなたの夫にこそおっしゃるべきだと思います。

向こうの実家とあなた方双方が納得できる解決が最良であることはいうまでもありません。しかし、それが困難なら、あなたたちにとっての最良の選択をすべきだと思います。それが、実家かあなたかどちらかを選ぶ、という厳しい選択であったとしても。

実は、そんな「子どもの自立」を見せてあげることだけが、頑《かたく》なな義父母を説得する唯一の方法だとわたしは思います。どんなに愛した子どもであっても、自分たちよりもっと大切な人が現れる。それを認めることも、親の大切な仕事なのですが。

Q 義母の介護にやりきれない

夫は結婚前から同居の義母と仲が悪く、嫁の私が間に入っていました。最近、義母が認知症と病気のため、夫と近所に住む義姉に付き添いなどを頼みましたが、二人とも仕事で無理だと不機嫌になるので、私がしています。義母は人の気持ちが分からないので家族皆に嫌がられ、私も仕方なく世話をしています。幸い娘二人はこの状況をよくわかってくれていますが、やりきれない気持ちをどうしたらいいでしょうか。

（52歳・女性）

A

介護の問題は、わたしのすぐ近くでもありました。幸い、両親は、殆《ほとん》ど介護の必要もなく亡くなりましたが、もし、その必要があったら、きちんと対応できたのか自信はありません。

人は誰でも老い、死んでゆきます。その最後のステージは誰かが支えなければなりません。あなたの夫や義姉は、その困難な責務から逃れようとしていますね。果たすべき義務を彼らに求めることもできます。仮に、離婚というような結果になろうと。でも、それはあなたの望みではないような気がします。だとするなら、施設や社会的サポートを利用して、できるだけあなたの負担を軽くするようにしてください。幸い、お嬢さんたちは、あなたの立場を理解してくれそうなので、彼女たちに事情を話し、手伝ってもらってもいいでしょう。その上で、一つ申し述べておきたいことがあります。かつて、作家の佐野洋子さんは、自らの「老い」を前にして、こう書きました。

「私達はおびえている。自分達もまた、家族にとって、ストレスだけの存在になるのだ。いやもうなっているかも知れぬ。核家族に、老人は支えきれないのだ」

義母は、確かに「家族皆に嫌がられ」ているのでしょう。でも、それは、わたしたち皆がたどる道なのかもしれません。それがどんな人であるにせよ、最後に「憐《あわ》れみ」の気持ちを抱いて接してあげてください。その人は、明日のあなたかもしれないのですから。

Q 「どこかに行きたい」という母の独り言に不安

母の独り言を聞くたびに不安になります。度々「どこかに行きたい」といったことを口にします。「行きたいところに出掛けたら？」と言っても、そのときは出掛けたりはしません。なぜいつもこの言葉を口にするのか分かりません。どうすればいいでしょうか。

（40代・女性）

A

原稿が書けなくて締め切りが迫ってくると、わたしもよく「ああ、もう死にたい！」と独り言をいいます。あるいは「もうダメだ、おれは終わった」とか。でも、家族は誰も相手にしてくれませんし「死なないで！」と止めてもくれません。それどころか「ねえ、パパ、そんなことより、コンビニでアイス買ってきて」とか言うんですよ（小4の次男とか）。どう思います？　ただ言ってるだけで、意味なんかないことを知っているからです。独り言ぐらい、自由に言わせてあげてください。それって、話しかけられるより、ずっと楽じゃないですか。

「どこかへ行きたいんだけど、それについて、あなたとじっくり話し合いたいの」って言われても困るでしょ？

もちろん、お母さまが、独り言で（存在しない、もしくはかつて存在していた）誰かと会話をするようになったら、お医者さんと要相談、ということになるかもしれません。でも、今のところ、なんの問題もありません。

実のところ、お母さまの「どこかに行きたい」発言は、あらゆる人間のこころの奥底に潜む強い願望の存在を表しています。もしかしたら自分は、今の自分ではない何かになりたかったのかもしれない、別の人生があったのかもしれない、今いるここではないどこかで生きていたかもしれない。この思いが、突然、口をついて噴出したのです。お母さまの「行きたいところ」は、ちょっと行って帰って来られるような場所ではないと思います。その気持ち、わかるなあ……。

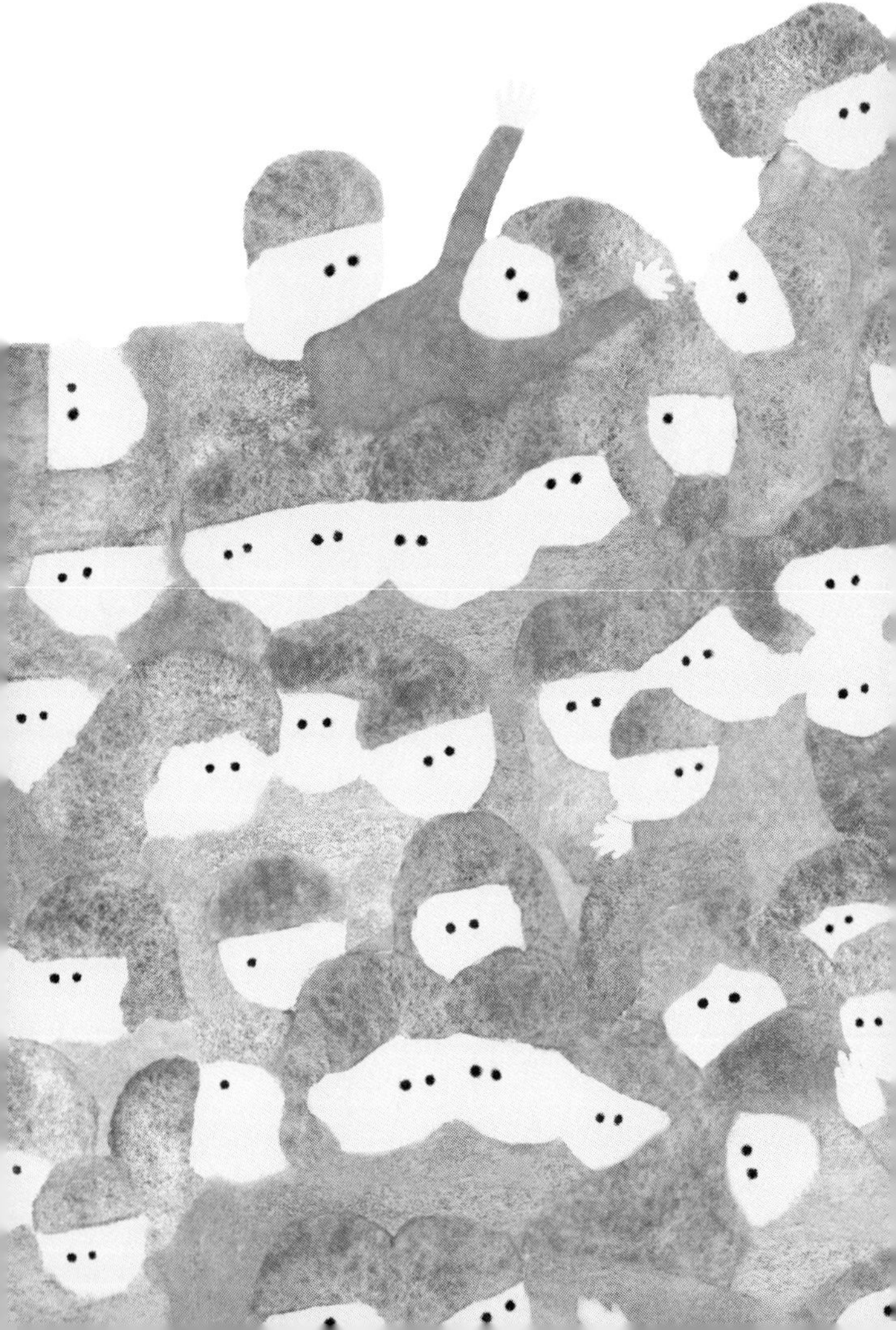

V

占いが気になります

Q 占いが気になります

子どもの結婚が決まり、相手も良い方で、とんとん拍子で進んでいます。ところが、何気なく占いの本を読んでみると、式を挙げる年と月が最悪とのこと。普段は占いなどあまり信じないのですが、さすがに落ち込み、「占いの呪縛」にとりつかれました。毎日不安で、もんもんと過ごしている自分も情けなくて仕方ありません。どうしたら洗脳から解放されるのでしょうか。

(50代・女性)

A わたしは占いの類いは一切信じていません。「あの世」や「霊魂」の存在も。それはそれで一種の偏見なのかもしれません。でも、信じられないものは信じられない。だから、占いの本にどんなことが書いてあっても何も感じません。相談者も「占いの呪縛」や「洗脳」ということばをお使いなのだから、ほんとうは信じていないはずです。それでも、時に、気になることはあるのですよね。ほんとに。

専門家に訊《き》いてみました。わたしの知人の「占師」です。わたしは「占い」は信じませんが、彼は信じられる人です。彼からの伝言をお伝えします。

「占いは一種の統計学、過去を探り、世界の計らいを調べる『学問』です。目指すところは、人を幸せにすること。それ以外にありません。人を不幸や不安に陥れる占師がいたら偽者です！　大切なのは、運命は変えられるということです。未来は決定していません。わたしたち占師は可能性を示唆しているだけです。では、どうすれば変えられるのか。『善《よ》き人』でいるよう努力してください。凶兆は、『傲慢なままでは不幸になるよ』という、世界からの警告なんです。真心や愛情をもって、子どもやそのお相手に接してください。また、彼らにもそのように生きるようメッセージを送ってください。それで、大丈夫」

あの……くどいようですが、わたしは占いは信じません。けれど、このアドバイスはいいと思いますね！

Q 入社2年目の長男が上司から借金迫られる

20歳の長男は電気工事の会社に入り2年。上司の課長が長男に「お金を貸して」というようで困っています。課長は40代後半のように思います。一度、白い紙に書いた借用書がかばんの中にあったのがきっかけで分かりました。そのときは5000円でしたが「新入社員に借りるか」と驚きました。親が会社に口出しして子どもの立場が悪くなっても嫌です。このまま見守るしかないのですか。

（40代・女性）

A

借金は麻薬やギャンブルに似ています。一度、味をしめればやめられなくなる。目の前の苦しみから一瞬逃れることができれば、それでいい。そのためには平気で嘘《うそ》をつくようにもなる。借金そのものより、それが生じた原因である貧しさよりも、人の心を弱らせてゆくことの方が怖い。それが借金です。

いつも苦しい言い訳をしないと貸してくれない人間を相手にしている課長にとって、ご子息は、もしかしたら、「借りやすい相手」なのかもしれません。借金の要請はやまないでしょうし、額も増えてくるでしょう。といって、断ることも、ご両親が口を出すことも、会社に訴えることも難しいでしょう。

ふだんより高額を頼まれることがあったら、その額の2倍を渡してあげてください。そして、こう、言い添えてください。

「祖父の借金のせいで、父は一家離散の憂き目にあいました。なので、わたしは小さい頃から『絶対に金を借りることも貸すこともまかりならん。それは誰のためにもならない』と言われて育ってきました。親を裏切ることはできません。お貸しできるのは今回だけです。この金は友人から借りました。いままでお貸ししたものは返していただかなくて結構です。申し訳ありません」

わたしの経験では、この後さらに借金を申しこんできた人はいません。借金には（貸す側からの）手切れ金が必要なときもあるのです。不合理ですけれど。

Q 幼児期に大切なことは

2歳になる子どもがいます。来年4月から幼稚園に通う予定ですが、選択肢がたくさんあり悩んでいます。習い事をする園の子どもは、小学校でスムーズに学校生活に慣れ、成績も良いと聞きました。ただ、我が子は自由に遊ぶことが大好きな様子で、遊びを重視している園も気になります。幼児期に大事なことは何だとお考えですか。また、ご自身の子育てで、幼児期に重視したことを教えてください。

（34歳・女性）

A

53歳のとき長男が、55歳のとき次男が生まれました。しばらくして妻が体調を崩し、育児の多くを担当することになりました。食べさせ、おむつやゲロで汚れた服をとりかえ、遊ばせ、保育園に連れてゆき、深夜に発熱すると病院にゆき、時には一晩中アトピーで痒《かゆ》がってむずかるふたりを抱えてあやしました。同時に作家としての仕事も大学教員の仕事もありました。その数年間は、あまりにきつく、ほとんど記憶がありません。若い頃にも子育ての経験があり、たくさん保育書も読みましたが、全部忘れました。一日育児が終わると倒れて寝て、子どもたちの泣き声でやっと起きました。もちろん、子育ての方針など持つ余裕などなく、一日生き延びるのがやっとの日々でした。なので、アドバイスできることは何もありません。もう今日は起き上がれないと思っていても、泣き声が聞こえると這《は》って彼らのベッドまで行きました。なぜこんなことができるのだろう。不思議でした。疲れ切っていたのに。ベッドで寝ている彼らの顔をみてわかりました。愛していたからです。彼らのためだったら死んでもいいと思えました。それからは子育てがまるで苦痛ではなくなりました。いまや彼らも中学生で、すべては遠い過去です。わたしにとって子育ては、自分に愛する能力があると子どもたちに教えてもらったことです。愛してあげてください。それだけでいいじゃないですか。他のことなんかどうでも。

Q 友だち作らない息子。見ていて切ない

高校1年の息子は小学生の頃から友だちができません。新学年になると新しい友だちを作りますが、長続きせずに独りで行動することが多い。仲間外れというより、自分から距離をおいている感じで、独りを苦にしているようには見えませんが、心配をかけないようにしているのではとも思えます。私も夫も友だちが少なく寂しい思いをしたから、見ていて切ないです。親としてどう考えればいいでしょうか。（53歳・女性）

A

文章を書かせる授業で、過去、こういう課題を何度か出したことがあります。「いままで誰にも言ったことがないあなたの秘密を書きなさい」。誰が書いたかわからないよう配慮したうえで、提出された文章は、なんと3分の1強が同じ回答でした。

曰《いわ》く「友だちのふりをしているけどほんとうは嫌い」「友だちづきあいをしなければならないのが疲れる」等々。正直に言って驚きました。

漫画家のしりあがり寿さんと装幀《そうてい》家の祖父江慎さんは名著『オヤジ国憲法でいこう！』の中で、わたしたちは「友だちの呪い」にかかっているとおっしゃっています。小さい頃から「さあ、お友だちと並んで」と言われ、「友だち」がいることが普通と思われているけれど、小中学校など、そもそも偶然クラスが一緒なだけで、卒業してしまえば一生会わない、ただの「他人」なんだと。

いま、わたしには「友だち」といえる存在は数人です。彼らとは会う必要さえありません。わたしにとって「友だち」は、お互いの「孤独」を理解し合える者のことだからです。逆にいうなら、「孤独」を共有できない相手は、「友だち」ではなくただの「知人」にすぎません。

ご子息は周りの誰よりも「孤独」を知る人間に育ちつつあるのかもしれません。ならば、いつか気づくはずです。会ったことはなくとも、同じような「友だち」が世界中にいることに。わたしもそのひとりです。静かに見守ってください。

Q 未熟な長男のこれからが心配です

今春、長男は超難関国立大に現役合格し、私の子育ては成功したも同然と思っていました。しかし、新入生のサークル勧誘のビラにあった「童貞」が読めず、意味も知りませんでした。今後、過激な思想や甘美な誘惑のある大学でうまくやっていけるでしょうか。

（40代・女性）

A

結論から申し上げれば、お母さまがするべきことはなにもありません。なにも、です。

ご長男は、勉強一筋に来られたのかもしれません。それは、おそらく、ご両親の希望でもあり、いままではなんの問題もなかった。でも、気がついたら、ご長男は、通常の基準よりも幼い若者になっていたのでしょう。彼がこれからどうなるのか、誰にもわかりません。もちろん、わたしにも。

大学に入り、自由な時間が増え、知らなかった世界と遭遇するはずです。その中には、最高の経験も最悪の経験もあるかもしれないし、とんでもないことに巻きこまれるかもしれない。いいなあ。ワクワクするじゃありませんか。

ご長男は、少々常識に欠けていそうなので、ふつうの若者よりショックを受けやすいでしょう。ちょっとしたことで傷つくかもしれません。でも、仕方ない。今までは、ご両親の庇護《ひご》の下、「生きる」準備をしていただけで、これからは（ひとりで）「生きる」ことのただ中に進まなきゃならない。

この相談のことを、知人の女性に話したら、彼女は「私が母親だったら、ちょっと過保護すぎたと反省して、知り合いの女の子に頼んで、童貞を奪ってもらうわ」といっていました。すご……いや、このやり方を勧めているわけではありませんが。でも、「ちょっと過保護」というのは事実だったかもしれませんね。もう解放してあげましょう。この際ですから、家から出して下宿させるとか（経済的に許せば）。でも、家にいる方がいい、って言いそうだなあ。

Q 13歳息子　同世代の女の子より母親が好き

13歳の息子がいまだに同世代の女の子に異性として興味を示しません。母親だけが大好きだと言い、恋人同士のようです。妻は今のうちだけだと言いますが、母親との関係が思春期の二次性徴を妨げているのではないかと心配です。今のままで良いのでしょうか。

（40代・男性）

A

「13歳になっても同世代の女の子に異性として興味を示さない」ことがご心配なようですが、逆に小学校高学年の男の子を持っていて、「エッチなこと」に興味津々で心配する場合もあります。しかし、心配しても仕方ない。心身の発達は個人によって違います。何が「ふつう」なのか、わたしにもまったくわかりません。

小学校入学以前から、母親や伯母や姉ぐらいの女性に異性として強い興味を示した経験のある知人はけっこういます。けれど、彼らがその後、特殊な性癖を示すようになったという話も聞きません。また逆に、高校生になっても女性そのものにほとんど興味を示さなかったのに、大学に入るや勉強そっちのけで女の子と遊んでばかりだった、という知人もいます。そういうわけで、わたしとしては「放っておけ」というしかありません。

わたしが高校生の頃、わたしの母親は、よく「デートしよ」と言っていました。正直に言って、わたしはイヤでした……。でも、仕方なく、母親に付き合って食事なんかをすると、母親は喜んで「店員さん、恋人同士と思ってたで」と言いました。そんなわけないじゃん……。母親は、「若さ」を味わうために、子どもを利用したのかもしれません。

もしかしたら、お子さんと奥さまが「恋人同士」のようにしているのは、相談者が、奥さまと「恋人同士」ではなくなったからなのかも。ちょっと、奥さまとデートなんかしたら、どうでしょう。子どもの心配をするより、そっちの方がいいと思いますけど。

Q 娘の交際相手から結婚ではなく同棲の話

長女がある見合いの会に入り、男性と知り合い、私ら夫婦とも会いました。その男性の実家に行き、娘は歓迎されました。両家に会って近々結婚と思っていたら、その男性から同棲《どうせい》の話が出たそうです。結婚相談所で知り合っているのに結婚の意思がない。私らのみならず自分の親も欺くこの男性が許せない。同棲し、飽きたら捨てるつもりと思う。娘33歳、男性37歳。どういうつもりでしょう？

（50代・女性）

A

相談者は、娘さんの結婚のことをたいへん心配しておいでです。親として当然のことでしょう。けれども、いちばん心配しているのは、当の娘さんのはずです。それは、娘さんのお相手も同じことだと思います。

ふたりが、これまで、どんなことを話し合い、そして、どんなことを決めようとしているのか。そのことを、詳しくはご存じないはずですね。もしかしたら、相性を確かめるために、一度一緒に住んでみることにしようとしたのかもしれません。だとするなら、それは、ある意味で「賢明な」、あるいは「熟慮」されたやり方といってもいいでしょう。自分たちの生涯を、自分で決めるのです、どんなに慎重になってもおかしくはありません。

「自分の親も欺く」とか「飽きたら捨てるつもり」と決めつけるのは、それがどんな人であっても、失礼なことではないでしょうか。

結婚は、あるいは、一緒に暮らしてゆくことは、ほんとうのところ当事者の問題です。彼らの意思は最大限に尊重されなければなりません。その上でなお、親として、彼らの幸せを願うなら、ふたりから話を聞いてみてはどうでしょう。「あなたたちは、どんなふうに生きていこうとしているのか」と。

もちろん、その質問をするためには、相談者もまた、同じ質問をされた時、答えることができるようでなくてはならないのですが。

Q 未婚の娘に結婚相手の条件を言い、後悔

娘が2人います。次女は未婚のまま40代半ば。仕事をしているので生活の不安はないようですが、次女に「誰と結婚しても良いが、俺とお前の年の差（30歳）の半分より上の人は連れてくるな」と言ってしまい後悔しています。伴侶はいてほしいと願っています。

（70代・男性）

A

ふう。相談を読んでびっくりしました。「未婚のまま40代」を迎えて、「仕事をしているので生活の不安はない」娘なら、わたしのところにもおります。時々、「あのお、結婚しないの?」と小さい声で訊《たず》ねると、娘は、怖い顔でわたしを睨《にら》んで（これはウソ）、「お父さんを見てるからね！（わたし、5回結婚していて、娘は1回目のときの子どもであります）」というので、黙るしかありません。そういうわ

けで、わたし自身への回答のつもりでお答えします。

……仕事はしているし生活の不安はない、すごくいいじゃないですか。そんなお嬢さんなら、自分の幸せが何であるかも、よくご存じでしょう。ドーン、とすべてを任せておあげなさい。それから、過去の発言を後悔なさってらっしゃるようですが、そんなの、向こうは忘れてるに決まってます、って。どうしても心配なら「昔、結婚相手の年齢のことでごちゃごちゃいったけど、ぜんぶ忘れて！　お父さん、あのときはどうかしてたんです、ゴメン！」とおっしゃればいいのでは。

だいたいですね、親なんて、子どもより先に死んじゃうんだから、心配なんかしたってムダですよ。好きにやらせてあげなさい。なにより、あなたが自由に、楽しく生き生きと暮らすこと。それが娘さんへの最良のメッセージになると思います。

ああ、そうだ。わたし、実は、いまの家内の父親とは4歳しか違わなかったのです。あちらのお父さん、イヤだったでしょうねえ……。

Q 18歳の孫娘。不登校から引きこもりに

息子夫婦の18歳の長女は、高校1年の時不登校になり、家に閉じこもっています。その間大学に行きたいと予備校に行ったり塾に行ったりしていました。本人はつらい思いをし、家族も心休まる時がない日々です。この先、孫娘に何をしてあげればいいのでしょう。

（70代・女性）

A

わたしが大学で教えている学生の中にも、いわゆる「不登校」の経験者が数多くいます。というか、大学に入って「不登校」になる学生もいます。そんな学生たちは、多くの場合、他の学生たちより、より深く考える子であったり、繊細な感受性を持っている子であったりするのです。

世間や社会は（もしかしたら、相談者も）、「不登校」の子どもは、ある種の病気、

矯正すべき欠陥であるように考えているのかもしれません。けれども、わたしの考えはまったく逆です。

どうしても自分にとって意味があるとは考えられない授業しかやっていない学校、不条理なイジメが待っている学校、そんなところでも、みんなが行くから我慢して行かなきゃならない……って方がどうかしてますよね。

ついこの間、新しいゼミの募集のために面接した男の子は、不登校の果て、高校をやめ、数年間、引きこもってずっと本を読んだりしていました。彼のお母さんは「学校に行け」とも言わず、叱りもせず、「あなたのやりたいことを、納得のいくまでしなさい。あなたを信じているから」と言ってくれたそうです。そして、数年の後、猛然と勉強したくなった彼は、認定試験を受け、大学に入ってきましたが、とても素敵で、情熱的な青年に育っていました。

「みんなと同じ」である必要はありません。お孫さんが自分で納得のいく人生を歩めるよう、見守ってあげてください。たぶん、ふつうより、繊細で、考え深いお子さんなんですからね。

Q スマホ禁止の孫、ふびんで…

娘夫婦の孫（女の子）への対応に心を痛めています。孫はこの春、高校生になったのにかたくなにスマートフォン（スマホ）を持たせません。自分の小遣いで料金を払っていいと言っているのに、ダメだそうです。中学時代は仕方がないと思っていましたが、いくらなんでもこの時代、ふびんでなりません。持たないのはクラスで１人だそうです。不登校にでもなれば……と心を痛めています。

（70歳・女性）

A

子どもにいわゆる「スマホ」をどんな条件で与えればいいのか。それは、現代の親にとって最大の問題の一つかもしれませんね。ぼく自身はいまも持っていません。電車で、乗客が皆、あの小さな画面に見入っているのを見ると、なんだか釈然としない気がします。とはいえ、若い世代にとってはもはや生活上欠かすことのできない道具になっているのも事実でしょう。我が家でも、悩んだ末、子どもたちに小学校6年から持たせています。ふだんは寮で生活しているので、週末にしか使えません。時間も目的も限るようにしてはいますが。

そんな時代に、あえて、持たせない選択をした娘さん夫婦には、何か特別の理由、あるいは教育方針があるのでしょう。一度、じっくりとその理由をお聞きになってはいかがでしょう。ぼくも知りたいぐらいです。他人の家庭のやり方に口出しする権利は、誰にもありませんが、親（あるいは祖母）として自分の考えを伝えるのはかまわないでしょう。

子どもの教育に関して、親が自分の考えを持つことは大切です。しかし同時に、子どもにもまた、「家庭」という共同体を構成する一員として同じ権利があることを忘れてはいけません。親には教育方針を持つ権利はあるけれど、それを子どもに押しつける権利はありません。娘さん夫婦とお孫さんが対等な人間として話し合えるようサポートしてあげてください。

Q 厳しさ知らぬ甥の将来心配

20代前半の甥《おい》は一人っ子で経済的に恵まれて、のんびりした性格です。目標や夢がなく、母親にコントロールされて自分の意見が言えない環境でした。親の意見で進学した大学を中退し、周囲の勧めもあって一人暮らしをしましたが、就職しても1カ月でクビになり、実家に戻って趣味三昧《ざんまい》です。不動産収入もあるせいか、親子とも危機感はなさそうです。世間の厳しさを知らない甥の将来が心配です。

（54歳・女性）

A

「一人っ子」で「経済的に恵まれて」いるので、「実家で趣味三昧」の「20代前半の甥」ですか。うらやましいなあ。

これが経済的に恵まれていないのに「趣味三昧」なら、「危機感」を持たなきゃならないかもしれませんが、そんな必要もなさそうです。

強いていうなら、なんでも母親の言いなりだったようだし、そこから脱するのも自力ではなく「周囲の勧め」だし、今度は、あなたに心配されています。もしかしたら、わたしが何かアドバイスを考えて、それをあなたが伝えたら、甥ごさんは、その通り実践するかもしれない。「人の言いなり」で「自立」する。変でしょう、それ。

確かに、甥ごさんは「世間の厳しさ」を知らないかもしれません。若いうちからずっとぼんやり夢を見ているだけの人なのかもしれない。それでもいいんじゃないでしょうか。当人がそれで幸せなら。そのことで誰にも迷惑をかけていないのなら。そして、それを続けていけるのなら。

世間並みの苦労をしたからといって幸せになれるとは決まっていません。正直に言って、わたしは、あなたの方が心配です。あなたの心配の中に「わたしたち普通の人間のように、いろんな心配事がなく、生きていけるはずがない。そんなのおかしい」という妬《ねた》ましい感情は入っていませんか。放っておいてあげなさい。幸福にはいろんな形があるはずです。

Q けんかをすると「死ね」という三男

小学2年の三男です。けんかをすると「死ね」「死にたいわ」、気に入らないと「出ていく」と手がつけられません。学校ではお友だちにそんな態度は取らず活発です。生きる楽しさを伝えたいのですが、この言葉を聞くと、現実にならないよう祈るばかりです。

（40代・女性）

A

こんにちは。我が家にも、小4と小5の男の子の兄弟がいるので、お察しします。さて、三男ちゃんは、学校ではふつうなので、家庭もしくはお母さんに不満があるのかもしれません。上にお兄ちゃんたちがいるので愛情の不足を感じているとか。

我が家では、そうならぬよう、猛烈に愛してあげることにしています。「死ね」と言われたら「いやだあ、××ちゃんと会えなくなるから、死にたくなあい！」、「死にたい」と言われたら「××ちゃんが死んだら、お母さんも死んじゃう！」、「出ていく」と言ったら「寂しくなっちゃうから、出ていかないでえ！」と叫んでみましょう。でも、それだけではまだ不足。隙あらば、抱きついて、チューしてあげて「好き、好き、大好き」と言ってあげましょう。

さらに、夜寝るとき（我が家では、いつもこうしていますが）、先に寝ている三男ちゃんのところに行き「さあ、大好きな××ちゃんはもう寝ているのかなあ」と言って、しがみつき、「一緒に寝て、お願い！」と言いながら、もちろん、チューの嵐。可能なら、反対側からお父さんにも参加してもらって「おれの方がもっと好きだ」と言ってもらいましょう。三男ちゃんが「お願い、もうやめて！」と言うまでやってあげてください。

我が家では、これを「愛情の押し売り作戦」と呼んでおります。布団で遊んでいる兄弟に、わたしと家内が近づくと、彼らは「おとなしく寝るから、チューしないで！ごめんなさい！」と降参してます、効果抜群ですよ。

Q 結婚願望ないアラフォーの長男。見守るしかない？

38歳の長男は結婚願望がなく、お見合いしても決めず、昨夏以来、何もしていません。電話もメールも着信拒否で、やむなく職場に電話すると「もうかけないで」と。夫は放っておけと言いますが、私一人でやきもきしています。見守るしかないのでしょうか。

（60代・女性）

A

結婚だけが幸せになる道ではありません。というか、結婚して幸せになれるかどうかもわかりません……という、当たり前すぎる結論を最初に書いておきます。

そう、それから、結婚するのに「時期」も「適齢期」（？）もありません。女性の場合、子どもを産みたいと思うなら、ある程度若い方がいいかもしれませんが。

ご長男の結婚問題については、何も口出しする必要はありません。いや、してはいけません。いつも、この欄で書いているように、「子どもの人生」の問題に、親も介入することはできないのです。

付け加えるなら、残念なことに、特に男の子は、成人すると、親と話すのが面倒くさくなるものです。わたしも、そうでした。ある日、突然、共通の話題がないことに気づくのです。もし、目の前で、誰かが、自分にまったく興味のないことを延々と話し続けたとしたら、どう思われますか？　仮に、それが自分の親だとしても。

それでも、母親として、結婚してもらいたい、とおっしゃりたいのでしょう。でも、いちばん大切な時期はもう過ぎてしまいました。ご長男が「結婚したいな」と思えるとしたら、それは自分の両親の（つまり、あなたとご主人の）結婚生活が、温かさと幸せに満ちていると、一緒に暮らしていたとき、感じることができた場合だと思います。そのことを告げる時間は成人までのおよそ20年はあったはずです。その間に（「ことば」ではなく）、「結婚」の素晴らしさを、ご長男に伝えることができたと思われますか？

Q いじめに学校が対応しない

孫は小2で、母子家庭のため私たち夫婦と住んでいます。学校で「お父さんのおらん子」と言われ、先生のいないときに上履きで足やおなかを蹴られます。学校に言ってもいじめた張本人は「やっていません」と押し通します。学校は「気をつけて見ます」というだけ。今も足にあざがあります。フリースクールも考えますがふんぎりがつきません。孫は本の大好きな気持ちの優しい子ですが、どのようにしたらいいですか。

(76歳・女性)

A

お孫さんを心配なさるのも無理はありません。「いじめ」は、あらゆるところで広く、深く、行われています。狙われるのは、お孫さんのように、静かで優しい人間が多いのです。学校側に、そのことに腰を据えて対応し、解決する気持ちがないのなら、保護者が自らの手で解決に乗り出すしかありませんね。

わたしの知り合いには、保育園で子どもがいじめられたことに深い憤りを感じ、子ども（男の子でした）にひそかに空手を習わせ、進学した小学校でいじめが発生したときには、その連中を一撃でやっつけさせた剛の者がいます。「サバイバル」の技術を身につけさせたのです。

とはいえ、いますぐそれも難しいでしょう。残念ながら、いじめの現場からお孫さんを遠ざけるしかありません。被害者の方が逃げるのは、理不尽というしかありませんが、お孫さんを守ることを第一に考えたいと思います。引っ越すことも転校することも難しいなら、学校側に強く抗議した上で、休ませてあげればいいと思います。なに、学校になんか行かなくたってかまいません。本を読むのが好きなお孫さんなら、好きなだけ本を読ませてあげてください。つまらない授業を受けるよりはるかにためになるはずです。

わたしのゼミにも、いじめにあって、小学生の頃から学校を休んだ学生がいます。優しく、賢く、素晴らしい女の子です。愚か者を相手に時間を無駄にする必要はありません。

VI

やる気がないけど、どうしよう

Q やる気がないけど、どうしよう

来年3月に定年退職の予定です。若い頃から夢みた仕事があり、50歳で大学院に入り直して資格を取りました。休日にはその関係で勉強会に行き、研鑽を積んできましたが、最近は面倒になって休んでいます。夫には子どもの結婚や目前に迫った定年による喪失感のためだろうと言われます。やる気を失った自分は自分でなく、どうしちゃったんだろう、と途方に暮れています。

（50代・女性）

A

結婚して子育てし、その間もずっと仕事をしていて、50歳で大学院に入り直し、資格を取った。いまも休日に勉強会に行くが、そういうことが面倒くさくなった自分に嫌気がさしている……って、面倒くさくなるのがふつうですよ！　頑張ることは大切だし、やる気があるのも立派です。でもね、それ以外にも大切なことはあると思いますよ。

「あなたの理想的な一日とはどんなものですか」と質問されたら、ぼくは「なんの予定もない日」と答えます。なんの予定もなく、朝はゆっくり起きて、ぶらりと外に出る。偶然、見つけた喫茶店に入って、ぼんやり時間を過ごす。それだけ。いや、そして考える。ふだん考えないことを。

ある、高名な学者が、定年で大学を辞めた日、もう行かなくていいんだと思い、ふと空を見上げて、「空というのはこんなに青かったんだ」とショックを受けたそうです。何十年も、空をまともに見たことがなかったのに気づいたのです。

家庭生活を頑張る。子育てを頑張る。仕事を頑張る。自分を成長させようと頑張る。うーん、実は、頑張っているとき、ぼくたちの視野は確実に狭くなっていると思います。それは危険だ。そして、そんなとき、からだの方から「気をつけて！」と信号を送ってくる。その「信号」が「面倒くさい」という気分なんだと思います。休みましょう。ダラダラしましょう。それができない？ じゃあ「頑張って」ダラダラしてください！

Q 作家や音楽家目指し20年。成功したい

作家や音楽家を目指して20年になります。文章はうまくなり作詞作曲もいい具合にレベルアップしています。ただし、夢がかなうまでもう一歩たりません。諦めるしかないのでしょうか？　どうしても作家・音楽家として億万長者になり成功したいのです。努力すれば「夢がかなった！」ということもあるのでしょうか？　教えてください。成功する人しない人の特徴や境遇を、です。

（40代・男性）

A

①ぼくは音楽家ではないので、作家についてお答えします。たいていの場合、「成功する」作家は、自分が書いているものの価値がわかる人です。すぐれた書き手は、同時にすぐれた読み手でなければなりません。実際、あなたがうまくいったかどうかを判断できるのはあなた自身の他にはいないのです。他の誰かに尋ねるこ

ともできません。その孤独な作業に耐えることができなければ「成功」することは難しいでしょう。

②「作家として成功する」ことと「億万長者になる」ことはまるで違います。素晴らしい作家だけれど、経済的には恵まれていない人はたくさんいます。いや、そちらの方が多いかもしれません。「億万長者」になりたいなら、作家や音楽家を目指さない方が賢明でしょう。作家や音楽家たちにとって、いちばんの喜びは、作品を作ることそのものです。過去の、たくさんの作家たち、音楽家たちが作ってきた無数の作品の中に、自分の作ったものが受け入れられてゆくこと、その歴史の一部になること。そのようなものを自分もまた作れること。それこそが、最高の報酬なのです。その上で、作ったものが多くの読者に受けいれられるなら、言うことはありませんが。

③それにしても、「作家や音楽家」ではなく、どちらか一つにしてみてはどうでしょう。あなたは、実はすべてわかった上で相談されているのかもしれませんが。

Q 問題先送りする大人に憤り

高3です。幼い頃、大人は頭が良くて世の中を良くするため懸命に働いていると信じていました。しかし社会問題について学び、世の中はうまくいっていないと知り、漠然とした怒りのようなものに取りつかれています。なぜ大人は問題を先送りにしたのか？　次世代のため、世の中を良くする準備を始めました。百年後を変えるつもりです。その過程で、私も古い大人たちのようになるのでしょうか。

（18歳・男性）

A

わたしがあなたと同い年の頃、「大人」というものは、自分の知らないことを何でも知っているものだと思っていました。そして、わたしもいつか「いまの自分」と違った「大人」というものに成長するものだとも。それから、半世紀ほどたって驚いたのは、どうやら、自分が若い頃からほとんど成長していないということでした。そう、あの頃、すなわち「社会について怒りを感じ、何かを変えたいと願っていた頃」とほとんど変わっていなかったのです。わたしは、そのことを恥ずかしいことだと思っていました。

　けれども、やがて、わたしは、わたしとは異なり「成長」して「大人」になった人びとを、少し違った目で見るようになったのです。

「大人」というものは、かつてわたしが想像していたような、「いまの自分の情熱はなくさないまま、知恵と経験を積み重ねる」存在ではありませんでした。多くの場合、「大人」たちは、「情熱を持っていた、若い頃の自分」をすっかり忘れてしまっていたのでした。

　経験も知識も大切です。もちろん、変わってゆくことも。けれども、もっと大切なのは、いまのあなたの中にある「若さと情熱」を失わないことです。あらゆるものが混じり合った「いまのあなた」を、いつまでも、あなた自身の中で生かしつづけてください。ほんとうに、それは難しいことなのですけれどね。

Q 自分の文章が恥ずかしい

私は大学4年生になり、自分で書いた文章があとになったら恥ずかしくて読めなくなりました。他人にみられる文章であればなおさら恥ずかしくて、課題や卒論はもちろんSNSや日記さえも恥ずかしい。知識のなさが露呈していることと自分の性格や癖がそのまま相手に伝わる感覚が恥ずかしいのですが、どうしたらうまい文章を書けますか?

（22歳・女性）

A

自分の書いた文章が恥ずかしくて読めない、というのは、とてもいいことです。誰だって、最初は、素敵な文章を書くことはできません。なのに、それを恥ずかしく思えないとしたら、感受性が麻痺《まひ》してるのかも。

ぼくは大学で文章の書き方を教えています。いや、正確にいうなら、少しでも「いい」文章を書けるよう、サポートしています。そのやり方は、学生諸君に文章を書いてもらい（しかも、内心に触れるようなテーマで）、それをみんなの前で朗読する、というものです。すると、みんなは異口同音に「こんなに恥ずかしいことはない」「恥ずかしすぎて死ぬ」と訴えます。でも、そのことを繰り返すうちに、誰もが、少しずつ「いい」文章を書けるようになっていくのです。不思議ですよね。

たとえば、あなたが誰かを好きになるとするでしょう。あなたの思いを伝えるのに、手紙（メールでも可）しかないとします。そんな手紙を書くのは、死ぬほど恥ずかしい。だからといって、やめますか？　死ぬほど恥ずかしい目にあっても手に入れたいものがあるはずです。

「恥ずかしさ」は、誰もが自分の中に持っている、厳しい「批評」の声です。あなたを導く「先生」は、実はあなた自身の中にいるのです。ぼくだって書くときは、いつも恥ずかしい。でも、恥ずかしくなくなったら、終わりだと思っています。ところで、送ってきた文章、とても良かったですよ。自信を持って！

Q 進学の機会を逃しニートに

僕は小6から中3までいじめられていました。そしていじめっ子と同じ高校に入ってしまいました。学校に行くと体がかゆくなり原因不明の湿疹が出て歩けなくなり、退学しました。その後、単位制高校を卒業しましたが、お前は大学に行かせないなどと言われ、進学のチャンスはあったのですが、今はいわゆるニートで祖父の手伝いをしています。これから進学できるチャンスがあった場合、どのような考えかたをすれば良いでしょうか。

（24歳・男性）

A

あなたは小学生から中学生にかけていじめられていました。高校を退学したのも遠因はいじめなのでしょう。進路を決めるとき親から止められ、それ以降、家から出るチャンスを失いました。それも親の「いじめ」と呼んでいいのかもしれません。「いじめ」の恐ろしさの本質は「他人に支配されること」だとわたしは思っています。他人に支配され、自分の生き方ができなくなること。

「いじめ」という形ではなくても、同じことはあらゆる場所で起こります。妻は夫に支配されてはならない。子どもは親に支配されてはならない。国民は権力者に支配されてはならない。人は、自分自身の支配者でなければなりません。「支配」ということばが不穏に感じられるなら「すべてを自分の意志で決められること」でもかまわないでしょう。

チャンスがあればぜひ大学に行ってください。大学に行かなければ何もできない、といっているのではありません。大学は、あなたに可能性を与えてくれる「外」の象徴です。たくさんの出会いがあるでしょう。

わたしの教え子にもすべての学費を自分で捻出している学生だっています。やり方は、いくらでも考えることができます。

あなたは、奪われた自分の人生を取り戻さなければなりませんね。待っていても助けは来ません。あなたが自分で立ち上がり、あなた自身を救出に向かうしかないのです。

Q
14年間ひきこもりの自分が嫌

投稿は初めてです。今、書かないとだめだと思ったのです。私は14年間ひきこもりです。その前は、パートで5年間働いていました。家事は手伝っていますが、近所の決まった場所へしか外出していません。両親も65歳になり、あきらめて何も言わなくなりました。お金のことでもめる二人をみるのはいやです。それにもまして何もしない人生を選んだ自分はもっと嫌いです。

（38歳・女性）

A

「ひきこもり」に関しては、社会的理解も進んできました。たとえば、精神科医の斎藤環さんの書かれたものを読んで、わたしも感銘を受けました。専門医に相談する選択肢もあるでしょう。その上で、わたしの考えを書かせていただきます。

自らが「ひきこもり」でもあった、思想家の吉本隆明さんは「ひきこもれ」という、挑発的なタイトルの本を書かれています。その中で、吉本さんは「ひきこもり＝よくないこと＝早く治療して社会復帰しなければならない」という社会の常識に異議を唱えました。吉本さんは、こう考えたのです。

……人はなぜひきこもるのか。それは、「建前」ばかりの社会の裏が見えてしまって、そんなところにいたくないからなのだ。人は何者かであるためには、孤独に自分と向かい合う「ひとりの時間」を必要とする。けれども、社会が人に与えるのは、こまぎれの時間だけで、考える時間を与えようとはしない。「ひきこもり」の時間は、人がいのちがけで獲得した「成熟」のための時間なのだ……。

この14年は、あなたにとって必要な時間だったと思います。自分を否定する必要はありません。実は、わたしにも「ひきこもり」の時期はありました。苦しかった。でも、いまは、必要な時間だったと思えます。

今回、あなたはここに投稿されました。次のステップに進んでもいい頃ですね。ゆっくりでかまいません。大丈夫。

Q 人を傷つける言葉が多すぎる

なぜ人は他人を否定したがるのでしょうか。私は2年前に経済的な理由である薬科大学を中退しましたが、薬学に関わりたいため薬局で働いています。仕事は大変で賃金も安いですが、充実した日々を送っています。でも周囲から「無駄に頑張ってる」「給料安いならば辞めちゃえば？」と言われ、とてもつらかったです。最近、人を傷つける言葉があまりにも多すぎる気がします。

（24歳・女性）

A

「否定的な言葉」は、人々を（それを放つ人も含めて）傷つけ、生きる意欲を壊します。だから近づいてはいけません。そこには負のエネルギーの持つ魔力もあるのですが。「否定的な言葉」に惑わされず、あなたを力づける「肯定的な言葉」を探し近づいてください。あなたに、チェーホフの戯曲「三人姉妹」の最後で、全てを失いながら、それでも長女が妹たちを抱きしめながら言うセリフを贈ります。

「楽隊の音は、あんなに楽しそうに、力づよく鳴っている。あれを聞いていると、生きて行きたいと思うわ！ まあ、どうだろう！ やがて時がたつと、わたしたちも永久にこの世にわかれて、忘れられてしまう。わたしたちの顔も、声も、なんにん姉妹だったかということも、みんな忘れられてしまう。でも、わたしたちの苦しみは、あとに生きる人たちの悦《よろこ》びに変って、幸福と平和が、この地上におとずれるだろう。そして、現在《いま》こうして生きている人たちを、なつかしく思いだして、祝福してくれることだろう。ああ、可愛い妹たち、わたしたちの生活は、まだおしまいじゃないわ。生きて行きましょうよ！ 楽隊の音は、あんなに楽しそうに、あんなに嬉しそうに鳴っている。あれを聞いていると、もう少ししたら、なんのためにわたしたちが生きているのか、なんのために苦しんでいるのか、わかるような気がするわ。……それがわかったら、それがわかったらね！」（神西清訳）

Q 最近のメディアはおかしい

最近のメディアは大きく扱わなくてもいい出来事を取り上げすぎています。例えば、スキャンダルを起こした芸能人を悪者にして、視聴率を取ることしか考えていないようです。メディアそして世間は、もっと議論すべき問題があるし、大事なことを見落としていると感じます。テレビや新聞を見るたび、つらく、悲しい気持ちになります。このやり場のない気持ちは、どこにぶつけたらいいのですか。

（17歳・女性）

A

わたしたちの生きるこの世界には、たくさんの不正があって、それにもかかわらず放置されています。なのに、それを追及すべきマスコミやメディアは（時に取り上げることはあっても）、どうでもいいようなニュースに熱中している。あなたのおっしゃる通りです。残念ながら。でも、いまのあなたには何もできません。悔しく、悲しいことですね。

だったら、あなたは、まずそのやり場のない気持ちを大切にしてください。それが、あなたにとってすべての始まりになります。そして、考えてください。なぜ、不正が起こり、放置されるのか。もっと論じられるべきことがあるのに、それは無視されるのか。

わたしは、あなたの相談を読んで少し嬉しかったのです。だって、そこに書かれていたのは半世紀前、ちょうどあなたと同じ年齢だったわたしが感じていたのと同じことだったから。

わたしはその「やり場のない気持ち」を忘れないようにして生きてきました。「みんな」や「世間」の言うことを真に受けたりはせず、どんなに欠陥があっても自分の考えを大切にしてきました。同時に、自分の狭い世界に閉じこもらず、できる限り時間を使って、貪欲に知識を吸収しようとしてきました。

大丈夫。あなたはひとりではありません。あなたのような人は世界中にいて、静かに、ひとりで、自分の戦う場所を探しているはずです。

Q 死に近づいているようで怖い

ここ数年の間に両親を亡くしました。ほかに家族はおりません。自分と同年代、年下の知り合いが亡くなることもあります。その人たちが夢に出てきて、ふいに「いやおかしい。死んだはずだ」と気づき、目が覚めます。そしてぞっとします。あと2年で還暦です。目も足腰も弱くなり、一歩一歩死に近づいているようで怖くてなりません。高橋さんは死ぬことが怖くないですか。

（58歳・女性）

A

わたしも死ぬのは怖いです。なにしろ初めての体験なんですから。死に近い体験はあります。胃潰瘍の出血から来る脳貧血で、病院の窓口で失神したのです。気づいたのは救急車に向かうストレッチャーの上でした。その間数分の記憶がありません（「修善寺の大患」の漱石と同じです）。それが死なら、「死」とは「何もない」状態のことなのでしょう。もちろん、そう理解はしても、恐ろしさがなくなるわけではありませんが。

死というものを生まれて初めて自覚し、恐怖に震えて眠れなかった子ども時代、ほぼ同時に、宇宙に惹かれはじめました。夜、頭上の満天の星を眺め、その無限の広がりと終わりなき時間を考えると、圧倒されると同時に、その時だけは死の恐怖から逃れることができるようで不思議でした。それは、死ではなく、もっと別のことに夢中になっていたからだと思います。

死が怖くない人間はいないと思います。けれども、死が存在しないとしたら、それはもっと恐ろしい世界でしょう。だってそこは、「明日」も「未来」も「希望」もない世界だから。

わたしたちが目にするすべて、ものも言葉も、死を運命づけられた人間という存在がその運命と戦い作り上げた、満天の宇宙のような創造物です。ただ一冊の本、一枚の写真にすら、わたしは圧倒されます。人間というものの健気《けなげ》さに。どうか死ではなくそれ故《ゆえ》輝く生の側面にこそ関心を持たれますように。

Ⅶ

あめをもらってもいいですか

Q あめをもらってもいいですか

糖尿病だけど甘い物が大好き。しかし命綱のあめを嫁がくれるかは天気次第。週4回デイサービスに通わされ、働く嫁より早く帰れた日は足腰のしびれに耐えながら棚を探しますがあめは見つかりません。この悩みをデイサービス先の老嬢たちに漏らすと、翌日から私のポケットは贈り物で満杯に。帰宅後、嫁に見つかり身が5寸も縮みました。一人一つに絞ってもらう方法を教えてください。

（85歳・男性）

A

相談、送っていただいてありがとうございました。その回答を申し上げるのは、おそらく、それほど難しくはないように思えます。

「老嬢たち」からいただいた「あめ」は大事に持ち帰り「親切な頂き物を粗略に扱うわけにはいかない」と「嫁」にひとこと断った上で、特製の菓子の入れ物にでも保管し、何か事あらば、子どもたちにでも（誰に、でもけっこう）あげるようにしてください。「大阪のおばちゃん」は、いつもあめを携帯していて、すぐに「あめちゃん、いる？」と配布してくださることは有名です。あめをコミュニケーションの道具にするのは、おばちゃんでなくてもいいはずですよね。その合間に、健康を害さぬ程度で、自らの責任であめちゃんをいただいても罰は当たりません。

さて。ほんとうのところ、相談者は、悩んで、この欄に投稿なさったのではないように思えます。ここに掲載された投稿文は残念ながら省略されたものになっていますが、原文はずっと長い。わたしは、相談者の、達意の文章を読み、逆に力づけられた気がしました。それは、相談者が、晩年を迎えて、いわば自由の境地とでもいうべき場所にたどり着いておられるように感じたからです。ちゃめっ気を失わず、いつまでも人生を楽しもうとされている様子は、これから晩年を迎えるわたしのような若輩者にとって、たいへん参考になるものでした。健やかに暮らされるよう祈っております。

Q 死にたいとつぶやく上司

職場で毎朝「死にたい……」とつぶやく上司がおり、嫌でも聞こえてきます。そして周囲に自分がどれだけつらいか話しています。誰だって生きていく中でつらい気持ちはあると思うのですが、毎朝声に出すのはどのような心境なのでしょうか？　私は苦笑いして「お忙しいですもんね」ということしかできません。どのように受け止めればよいですか？　私までつらくなります。

（26歳・女性）

A

いますよね。こういう人。「死にたい」とか、「どうせ、おれは（わたしは）ダメな人間だ」とか、ネガティブなことばかりいう人。ぼくは、こういう種類の言葉を「呪いの言葉」と呼んでいます。否定的な言葉は、それをしゃべる人間ばかりじゃなく、それを目にし耳にする人間も嫌な気分に染めてゆきます。

いま、インターネットを中心に相手をディスる（攻撃する）言葉が広がっていますね。そんな言葉には反対したい。でも、反対していると、困ったことに、反対する方も、同じような否定する感情に支配されてゆくのです。

大学1年の頃、その上司と同じように「死にたい」とか「つまらない」とか文句ばかりいっているやつがいました。ぼくたちは、どう答えていいのかわからなくて、放っておいたのです。そしたら、あるとき、ひとりの女の子が、そいつを真っ直《す》ぐ見据えて、真顔でこういいました。「あなた、愛したことも愛されたこともなかったのね。かわいそうな人！　愛する人を見つけなさいな」

その女の子は、存在そのものが肯定であるような、天真爛漫《らんまん》な人でした。そいつはびっくりしたような顔つきになって、以来、彼女がいるところでは、（たぶん、恥ずかしくって）文句を言わなくなったのでした。

否定には肯定ですよ。「呪いの言葉」には「祝福の言葉」をぶつけるしかありません。でも、そんなことをいうと変な誤解をされそうだしなあ……。

Q 見合い勧める上司が迷惑

私は結婚しておらず予定もありません。ですが、上司などが相手を紹介してきて困っています。「お金も地位もすごいんだよ」と言われても、50代の人では難しいです。でも、厚意で勧めているので、はっきり断れません。「私にはもったいないです」と言うと遠慮していると誤解されます。迷惑だということが、「結婚があたりまえ」だった世代の人には伝わらないみたい。どうしたらよいでしょうか。（29歳・女性）

A

あまりにも当然で、書く必要もないことですが、どんな人生を送るのか、それは当人が決めることであって、他人が口を出すべきものではありません。結婚をするのもしないのも、相談者の人生なんですから、余計なお世話ですよね。もうすぐ70になるわたしの世代でも、「結婚があたりまえ」ではなかったと思いますよ。「世代」ではなく、『結婚があたりまえ』と信じる人たち」がいるだけじゃないでしょうか。そういう、他人の気持ちがわからない人たちに言ってあげるべきことばは、「他人の人生の心配をするより、自分の人生の心配をしたらどうですか？　あんたのパートナー、あんたを捨てようと虎視眈々《こしたんたん》だよ！」ではないかと思いますが、優しいあなたは、「頭の固い」人たちともつきあう必要があるので、そんな言葉を口には出さないでしょう。

ここは正直に、「仕事が楽しくて（もしくは、やりたいことがたくさんあって）、結婚なんかしてられません！」と言ってみるというのは如何《いかが》。でも、そういう人は、お構いなしに「いや、そんなことをしていると、婚期が遅れる」とか言うんですよねえ。いっそ、「つきあっている人がいます！」と言うのはどうでしょう。「その人と結婚するかも」と。それでしばらく時間を稼いでおいて、「で、どうなった？」と訊《き》かれたら「あの人とは別れました。いま別の人とつきあっています！」。以下繰り返し、では？

Q 孤独なパート事務　仕事や職場に不満

パートで事務をしています。ここ数年仕事に満足できず、職場の人とも交わりたくなく、孤独です。仕事はデータ入力と報告書の作成で一日中誰とも話しません。周りの人は楽しそうにおしゃべりしながら仕事をしていますがほとんどがうわさ話や愚痴ばかり。本や音楽などの話題が出ればうれしいのですが、皆無です。転職したいけれど受からず夫もあきれています。資格もなく落ち込みます。

（51歳・女性）

A

「誰とも交わらない」「一人で入力して」「一日誰ともしゃべらない」ことがある。それって、わたしたち作家も同じですよ。それで文句を言う作家もいないと思います。なぜならそもそも「孤独」でいたくてその仕事を選んだわけですから。

相談者は「楽しそうに、本や音楽などのことも時に話題にしつつ、おしゃべりしながら」できる仕事につきたいと思っていらっしゃるようです。でも、そんな仕事、あるんでしょうか。それは、仕事ではなく、別の場所で満足されるべきことなのかもしれません。

仕事や職場のことばかり書かれているので、想像するしかないのですが、ご家族との関係、それ以外のご友人との関係はどうなっているのでしょう。

わたしは20代の10年間、肉体労働をしていました。職場での話題は「うわさ話や愚痴ばかり」でした。でも、それは仕事と割り切って、不満はありませんでした。友人や両親とも連絡をとらず、わたしと妻と子ども、3人だけの小さな世界で、精いっぱいの楽しみを見つけて生きていたのでした。

おそらく誰が答えても同じ回答になると思います。思い煩わず、日々を懸命に生きよ。自分のやりたいことを見つけよ。何よりも周りの人たちとの関係を築き直せ。等々。

まずいですよね。いま、あなたは、あなたがいちばん嫌っている「愚痴ばかり」の同僚と同じになりつつありますよ。

Q 就職決まらず、孤独で絶望

履歴書を600枚以上出したが、仕事が見つからない。派遣にも登録し、ネットからも応募しているが、不採用の通知ばかり。職安にも熱心に通うが無気力な職員ばかり。疲れて何もしたくない。面接先は零細企業か中小企業だが、面接官は変なやつばかり。俺は好奇心旺盛でチャレンジが好きだが、不採用の連続。絶望の中で金も職もなく孤独に生きている。何が楽しくて生きているのか、全く分からない。（30歳・男性）

A

わたしは20代のほぼすべてを日雇いの肉体労働者として過ごしました。正規労働ではなく、行けば誰でも受け入れてもらえる現場でした。そこには、未来も希望もないように見えました。けれども、わたしにはそう思えませんでした。

あまりに天気が良くて現場に出る気にならず、サボって文庫本を一冊持ち喫茶店に行きました。頁《ページ》を開くと、窓の外の木の葉が風に揺らいでいるのが見えました。その瞬間、生きることは素晴らしいという思いでいっぱいになったことを覚えています。現場で昼休みに寝ころんでいて海を眺めていたとき。重いセメント袋を担いで歩いていてふと見上げると夏の雲が白く輝いているのが見えたとき。酔って、なにもない6畳の部屋で寝ころがっていると、ふとつけたテレビの画面に子どもの頃見た映画が流れていたとき。いつも、わたしの心に「生きていることは素晴らしい」という声が聞こえました。

あなたのほんとうの悩みは、職がないこと、ではないと思います。いまのあなたは、たとえ職を得ても、ほとんど喜びを感じないでしょう。

あなたがほんとうに必要としているのは、職業ではなく、どんなときにも、あなたに向かって「生きることは素晴らしい」と語りかけてくれるもうひとりの「あなた」だと思います。

そんな「あなた」を見つけ出せるのは、残念ながら、あなた自身以外にはないのです。

Q 努力が報われずトラウマに

努力したのに報われなかったことがトラウマで忘れられません。今まで努力すれば報われるをモットーに勉強も部活も頑張っていました。しかし、高校の部活で楽器が変わり、全く吹けずに終わってしまいました。周りから「あんなに練習してなぜうまくならないんだ」と言われるばかりでした。いまだに誰かに話すときは涙があふれてしまいます。どうしたらいいですか。

（19歳・女性）

A

たいていのことは、努力しても報われません。努力して、その結果、報われる。その方がずっと少ない。そう思います。

（職業）小説家になりたい。そう思って、ほんとに努力している人をたくさん知っています。役者に、アイドルに、金持ちになりたい。なんでもいいです。あの大学に入りたい、あの資格をとりたい。そう思って、全身全霊をかけて努力する。でも、なれない。できない。思うようには。そうですよね。

ところで。誰かを好きになる、とするでしょう。でもって、好きになってもらいたくて、頑張る。考えられるかぎりのことをしてみる。努力する（いろいろ）。でも、相手はぜんぜんこっちを向いてくれない。ガッカリして、もうその人を好きじゃなくなりますか？　もし、そうだとしたら、ほんとうは、その人をそんなに好きじゃなかったんじゃないでしょうか。

わたしは小説家になるために努力しました。ものすごく。でも、「もしかしたらなれないかも」と、よく思いました。「絶対なれないよな」とも。そして、何十年か後の結局なれなかった自分を想像してみました。つまらない？　バカみたい？

いいえ。やっぱりやろうと思いました。だって、ほんとうに小説のことが大好きだったから。

努力して報われなくても、やっぱりやりたい。そういうものを見つけてください。それ以外はどうでもいいじゃないですか。

Q 昔の恨みを許せない

若くして両親を亡くした夫と結婚し、35年たちました。この年になっても、夫の叔母に傷つけられたことが悔しく、憎いのです。子どもがなかなかできないと叔母は「子無しは去れと昔は言ったけど」。生まれた後も、傷つけられたことはきりがありません。叔母は5年前に他界したのに、昨日のことのように思い出すのです。人を憎んだままで本当に幸せな人生を過ごせるのか怖いです。

（58歳・女性）

A

母は姑《しゅうとめ》を憎んでいました。どれだけいじめられたかと、小さい頃からずっと、母の姑への悪口を聞かされてきたのでした。でも、子ども心に、「それ、あなたの夫に言って解決してもらうべきことじゃなかったの」と思ったものでした。当時の家庭の事情では難しかったのかもしれません。けれども、本来は妻を守るべき立場の夫（わたしの父）は、いつも不在で、責任を逃れているように子どものわたしにも思えたのです。

あなたは、夫の叔母に、傷つけられた、と書かれています。でも、それはまず夫に相談し、夫から直接抗議してもらえば解決できたと思います。なぜ、あなたはそうしなかったのでしょう。相談したのに、夫から無視されたのでしょうか。最初から相談しても無駄だと思われたのでしょうか。あなたと夫の間に良好なコミュニケーションがあれば、叔母の悪口なんか気にする必要なんかなかったのに。

傷つけられてもそれが痛手にならないのは、他に大切な何か、それさえあれば生きていける何かがあるからです。

相談に書かれていない、夫や子どもは、あなたにとってどんな存在なのでしょう。正直に申し上げて、あなたが叔母への憎しみから逃げられないのは、不幸であるからのような気がします。あるいは、その不幸から目を背けたいからなのかもしれません。立ち向かうべき相手は、もう存在しない叔母などではなく、目の前にいるはずです。

Q 人が苦手で、ネガティブな自分が大嫌い

人が苦手で、あがり性でネガティブな自分が大嫌いです。友人はとても少ないです。働こうと、パートの面接を受けたのですが異常に緊張し、うまく話せませんでした。子育ても終え、これから楽しく過ごしていきたいのですが、心の持ちようを教えてください。

（40代・女性）

A

人が苦手で、誰かと話すぐらいなら本を読んでいるのが好きで、当然、対人関係など築けず、会社勤めは最初から諦め、何日も誰ともしゃべることなく、ほんとうに親しい友だちはひとりかふたり、それも一年に一回会えばいい方、面接は苦手で、仕事を求めて一回やったけれど、頭が真っ白になり、途中で席を立った……のはぼくです。いや、だから、あなたは、ふつうだと思うんですが。えっ、ぼくと同

じじゃイヤですか？　どうしても、他の人たちと同じじゃなきゃダメなんですかねえ。

ぼくは、先程あげた、自分の「消極的な性格」を直そうとして、一度、「積極的なキャラ」を作り、演じてみることにしました。なにしろ、ほとんど人と会っていなかったので、ぼくがどんなキャラクターの人間なのか誰も知らなかったのです。その結果、知り合いはできました。たくさん。で、どうなったかというと、疲れただけです。やっぱり、ひとりで部屋で本を読んでいるのがいいと思い、元の自分に戻りました。楽ちんでしたよ。というか、そっちの方がぜんぜん楽しかったです。

それから、結婚もされ、子育てもされたようですが、そちらの不満は書かれていません。家庭生活でも「あがり性でネガティブ」で夫や子どもに「異常に緊張してうまく話せな」かったりしたわけじゃないですよね。だったら、いいじゃないですか。ぼくなんか4回も失敗してるんですよ！

超ポジティブでなれなれしくて自分好きで自信満々の人ってどう思います？　ぼくは苦手ですが。

Q 友人へ便りを出すも、返事がこない

拝啓　私は年来の友に時々、季節のあいさつをかねて、簡単な便りを書いていますが、返事が返ってきたためしがありません。もう皆、年を経ると感動も喜びもないのでしょうか？　はたまた迷惑なんでしょうか？　本当にさびしい限りです。こうして人との消息が途絶えてしまうものなのでしょうか。老いるとは普通の生活ができなくなり、ただただ生を全うするだけなのでしょうか？

（90代・女性）

A

拝復

お手紙を読み、76歳で亡くなった父を思い出しました。父が波瀾《はらん》万丈の人生を閉じた後、葬儀に臨席したのは家族4人の他には遠くの親戚2人だけで「なんと寂しい終わりなんだ！」と思ったものでしたが、結局、少し違う考えに至ったのです。

作家の大江健三郎さんは「生の紡錘《ぼうすい》形理論」を唱えられました。人間は一人で生まれ、成長すると共に多くの人々と関係を築いてゆく。けれども、やがて少しずつ関係を失い、最後にはまた一人で旅立つ（べき）ものだという考えです。それは寂しい生き方なのでしょうか。生まれたときとは異なり、最後に一人になったとき、我々には「記憶」や「過去」が残されています。

父がのこしたノートの最後のページには、生前付き合った女性たちの名前が書かれていました。亡くなる2日ほど前に書いたようです。父は晩年、母と別居し、ひとりで暮らしていましたが、おそらく、最後の日々を、生涯に刈り取った「記憶の果実」と共に過ごしたのだと思い、少々羨ましく思ったのでした。

返事を送ってくれないご友人たちは「感動も喜びもない」のではなく、それぞれの「記憶の果実」の中で過ごす時期になっているのかもしれません。おそらくは、あなたからの手紙に対し、強い懐かしさを感じつつ、遠くから深い黙礼を送っているのではないでしょうか。豊かな実りの時期には「沈黙」こそふさわしいように思えるのです。

Q 「あんた」と呼ぶのは失礼か？

私は鹿児島育ち。息子の嫁は東京育ちで鹿児島に出かけた時、周囲から「あんた、あんた」と呼ばれ「人をばかにしている」と怒っていました。「あんた」は親しみを込めた表現と思っていました。先日、映画の「東京物語」をみたら、しゅうとが嫁役の原節子に向かって「あんた」を繰り返していました。何回も使われたのは「あんた」が侮蔑した言葉ではないからではないでしょうか？

（80代・男性）

A

「東京物語」、いいですよね。あの映画で、義父役の笠智衆は嫁役の原節子に「あんた」と呼びかけます。すごくいい感じで。でも、あれは、笠智衆だから、いい感じなのかもしれません。わたしだって、知らない人からいきなり「あんた」と呼ばれたら、たぶん、ちょっとムッとします。笠智衆ならいいけど。

わたしの妻は、わたしのことを「タカハシさん」と呼んでいます。変でしょ？だって、当人も「タカハシさん」なんだから。でも、結婚前から使っている愛称なので、もはや変更不能なのだそうです。というわけで、我が家では、わたしの名前は「事実」ではなく「フィクション」として存在しています。わたしとしては受け入れるほかありません。そういえば、大学で教えている学生たちから、わたしは「ゲンちゃん」と呼ばれていて、他の先生方からは「いくらなんでも、先生としての権威に欠けるんじゃないですか」と心配されております。でも、先方がそのように呼びたいのなら、それでもいいのではないか、それがわたしの立場です。

結論を申し上げます。名前については、呼ぶ者、呼ばれる者の合意が必要です。なので、「息子の嫁」さんが嫌がる呼び方は控えられた方がよろしいでしょう。その人が、わたしのように、どのように呼ばれても受け入れる人物でないかぎりは。まあ、「アホ」とか「売国奴」とか呼ばれたら、いくら温厚なわたしでも怒りますけどね。

Q 食事嫌い、勧められると困惑

昔から食べることがとにかく嫌いです。おいしいと感じることがほとんどありません。ダイエットなどせずとも病的なほどに痩せ、すぐに風邪をひきます。周りはダイエットをするのかと訊ねますが、食事が嫌いなだけなので、何と答えればよいのか分かりません。食事中は周りの友人としゃべるのを楽しみに何とか頑張っていますが、もっと食べないのかと言われてもどうすればよいのか分かりません。

（21歳・女性）

A

専門医に相談すべき案件かもしれませんが、それを前提として、わたしの考えを書きます。

あるとき、知人とワインを飲んでいました。すると、突然、小学校時代の校庭の映像が、鉄棒の思い出と共に浮かび上がり、胸の奥が揺り動かされるような激しい感動を覚えたのです。すると知人は、そのワインを飲むとよくあることだと言いました。それに含まれる独特のミネラル分が忘れていた鉄棒の匂いを、記憶の底から蘇《よみがえ》らせてくれたのだろうと。そういえば、そんなことはよくあったのです。

季節最初の西瓜《すいか》を切って食べようとした瞬間、半世紀以上も前、母の実家の縁側で祖母が出してくれた、西瓜の甘い香りを思い出したこと。そのとき、周りでわたしを見つめながら笑っていた親戚たちはもう誰もいないのです。それから、夜中になんとなく、カップラーメンが食べたくなって、棚から一つ出してお湯を入れ、しばらくたって蓋《ふた》をとり、麺をすすりはじめたとき、同じ匂い、同じ味、同じようなすすり方を、初めて付き合った女の子と一緒にしたのを思い出して胸が痛くなったこと。貧しくても何もなかったけれど、それも大切な思い出です。それから……数え上げれば、キリがありません。わたしにとって、食べることは、生きる経験のすべてに結びついています。あなたはどうです？　いつか思い出に結びつく豊かな経験をしていますか？　もちろん、食べることだけではなくて。

おわりに

読んでくださってありがとう。これは毎日新聞でおよそ五年間にわたって掲載された「人生相談」から、百本を選んだものです。長く、この「人生相談」を続けながら、わたしがいちばん苦しんだのは、紙面の関係で短くせざるを得なかったことでした。送ってくださった相談は、実は掲載されたものよりもずっと長く、短縮せざるを得ませんでした。とても残念です。その苦しみと真摯さが詰まった文章のエッセンスしかここでは読むことができません。

また、わたしの回答も、僅か六百字弱しかありません。わたしは、回答を書きながら、ああもっとたくさんのことばが必要なのに、と何度呻いたことでしょう。でも、仕方ありません。わたしが見ることができるものは、どんな場合でも、広大な世界の中の、ごくごく一部にしか過ぎないのです。この連載を企画し、担当されてきた、毎日新聞出版の藤江千恵子さんに深く感謝します。えっと、「人生相談」、まだ続きます！

２０２０年１月

高橋源一郎

タカハシさん、家族ってなんですか？

親子だって他人―作家・高橋源一郎さんは基本的にそう考える。互いを嫌悪するばかりで関係が固まってしまいがちな親子はどうしたらラクになれるのか。『毎日新聞』の「人生相談」の回答が話題の作家、高橋源一郎さんに昨今の親子の関係について話を聞いた。

「日本って、とにかくサボることを悪とする社会でしょう。その証拠に、風邪引いても会社に行く人が多いですよね。ぼくはそういう社会からの締め付けが、親子関係の息苦しさにも影響していると思います」

　エッセーやラジオで折に触れ「休めばいい」「行かなくていい」と発言している高橋さんはそう語る。ひとたび親子関係が悪化すれば、「なんとかしなくては」と一点集中でそのことばかり考えてしまい、余裕がなくなるのだ。親子の関係も時が経《た》つと変化する。なんでもできると思っていた親にできないことが増える。

「30歳で子どもができたとします。今度はその子が30歳になり、親になる。親は60歳で祖父・祖母になります。そこからまた20年経過すれば親が80歳、子が50歳。そうするとこの80歳というのは、立場はむろんずっと親なんだけど、できないことが増えてくる。50歳の子から見ると子どもみたいな存在になっている。つまり50歳の人にとっては、自分の20歳の子と、かつて親だったけど今は80歳になって子どもになった人と、2人子どもがいる状態になるわけです。何が言いたいかというと、『相手は子どもだから』と思えば腹も立たない、ということです」

マジメな人から「親をバカにするのか」「半人前扱いするのか」と反論が出てきそうだが、何もわからない状態でこの世に生まれ、やがてさまざまな経験をし、知識・知恵を得て社会と格闘し、次第にそこから解放されてラクになり、だんだんまたわからなくなってくる……。これは自然の摂理だ。

「お年寄りってまた赤ちゃんに還るようなものではないかな。つまり人は、子どもとして生まれて、やがて親になって、高齢になったらまた子どもに還って、その繰り返しなんですね。どちらかが親の時はもう一方が子で、やがてそれが逆転する。『ウチの親、ボケてきちゃった、どうしよう?』と言うけど、何もわからない赤ちゃんに愛情を注ぐんだと思えばいいんです」

■人生相談は心に効く漢方薬

『毎日新聞』の「人生相談」で高橋さんは、実に多くの親子間の悩みやトラブルに接してきた。高橋さんの基本姿勢はいつだって「ぼくならどうするか」。そこから考えることだ。

「人生相談では、そもそも正しい回答なんてものはあり得ません。それに、ごく短い文章で書かれている相談を読むだけで、その人がどんな人かを正確に知ることは不可能です。だったら、その人が置かれている状況を思い浮かべ、自分ならどうするか、かつてどうやって凌《しの》いできたかを書くしかありません。大事なのは相談者の方に落ち着いてもらうこと。まあ、漢方薬みたいなものですね。『この薬はこれこれに効くはず』という西洋医学の薬ではなく、なんだか少しラクになったような状態になれる漢方薬が人生相談だと思います」

親の側からも、子どもからも、高橋さんのもとには尽きせぬ悩みが押し寄せてくる。

既婚の娘2人がいる62歳女性の悩みは、「次女が『姉ばかり手助けしようとしている』と不満を言う」こと。どうやら、相談者である母親が長女一家と同じ敷地内に住むことを、次女が反対しているようだ。それに対する高橋さんの回答は、「親であるあなたが悪いですね、百パーセント。と書いても、なにが悪いのかおわかりにならないかもしれません」と手厳しい。その理由は、娘2人は今でも「親の庇護《ひご》を受けるのが当然」と思っていること、つまり、そのように育ててしまったことが問題であると高橋さんは見る。

ある相談者は、医学部に入り英語もペラペラ、インターハイに出場するなど行動力も旺盛な姉を持ち、「親は姉と比べるような発言が増えました」と悩む、コンプレックスを抱えた18歳女性。高橋さんはかつて本気で「死にたい」と思うほど自身の容貌にコンプレックスがあったこと、定職に就けなかったのを隠すために20代の時は「友人や親戚とすべての関係を絶ちました」と告白する。そのうえで、「コンプレックスがない人間なんかと、付き合いたくないですよ!」と励ましの言葉で回答を結ぶ。

高橋さんの人生相談は大きな反響を呼び、「今までぼくが出した本の中で、『いつ本になるんですか?』という問い合わせが最も多かった」(高橋さん)という。

秀逸な問答を一つ紹介したい。相談者は59歳の女性で、34歳の息子がある女性の元に行ったまま2年半連絡がない――という悩み。高橋さんは明快だ。

「連絡をよこさない息子を心配しているわけですが、もう34歳ですよ! 今までいろいろ悩んだかもしれないけど、成人して自分の道を歩んでいくんだから、連絡なんかしなくていいんです。回答にも書きましたが、『親として最高じゃないですか!』に尽きます。子どもに、親より大切な人ができたら親の仕事は終わり。『お母さんがいちばん大事』なんて言ったらむしろ心配。でもそう言ってほしいんだね。依存してる。自己肯定のために子どもを利用しているんです。夫が肯定してくれればよかったのが、その分子どもに行ってるのかもしれません」

自分を誰かに認めてほしい。誰かにとって必要な存在でありたい。そう願うのは自然なことだ。しかし、認めるそぶりを見せない（内心では感謝しているかもしれないのに）近親者を非難するのは筋違い。では、誰にも認められないままずっと生きていくのだろうか。

そうではない。そこに一人、認めてくれる、そして積極的に認めるよう努めるべき人物が一人だけいる。自分だ。

「もう一人の自分が、自分を肯定しないといけません。結局、実は自分をいちばん信用していないからこそ、こういう相談になっちゃう。近親者をはじめ、権威や社会から肯定されるといいけど、自分だと不安なんですね。『だいじょうぶだよ』と言ってくれる自分がそこにいない」

■まっとうだからこそ引きこもる

高橋さんが人生相談を始めるにあたっては、その前史として大学で教授を務めた時の授業での「ある試み」があった。

「1年生にゼミを体験させるという、ちょっとめずらしい授業があるんです。ゼミって普通は3年生からでしょう？　その体験ゼミでぼくは、『どんな質問でもすべて即答します、NG質問なし』というのをやりました。『先生、どうして5回も結婚したんですか？』『飽きっぽいから』『このクラスでいちばん好みの学生は？』『君ではないです』『宇宙の果てって、どうなってるんですか？』『ぼくに聞くなよ』。ざっとこんな具合です。これを2005年から毎年やってて、ざっと4000人の学生に4000回、回答しました。それでQ＆Aって面白いなと思ってて、そんなところに『人生相談』の依頼が来た」

高橋さんが「即答」を試みるきっかけになったのが、ある親子の問答だった。その衝撃と影響から、自分にも「即答」を課してみたのだという。

「哲学者の鶴見俊輔さんと当時14歳だった息子さんとの対話です。鶴見さんのお子さんが、自分と同い年の岡真史さん（『ぼくは12歳』〈ちくま文庫〉という著書がある）が自殺したことにショックを受け、『お父さん、人は自殺してもいいの？』と聞いた時、鶴見さんはおよそこんなことを言ったそうです。『してもいい。二つの時にだ。戦争に引き出されて敵を殺せと命令された場合、敵を殺したくなかったら、自殺したらいい。それから君は男だから、女を強姦《ごうかん》したくなったら、その前に首をくくって死んだらいい』。

鶴見さんは『こういうことを聞かれて即答できないようでは人としておしまいである』と考えていたと思います」

大学生と長く付き合い、また作家として常に時代の問題と並走している高橋さん。かつては考えられなかった、現代ならではの親子問題について聞いてみた。例えば、引きこもりの子が、気がつけば40代、50代になってしまっていた、というような問題。

「もうすぐ去っていく親からすれば、引きこもりの子を後に残していくことについては大変な心配でしょう。でもね、学校や会社って、本当は積極的に行きたい場所じゃないことが多いはずで、行きたくないと思うほうがまっとうです。まっとうだからこそ引きこもる。だから本当は引きこもりは大いに結構だし、何も恥じる必要はありません。しかしそれでは心配だということであれば、これは個々の努力だけではどうにもならない面があり、政府として財政出動が必要だと思います。生活保護、いや、ベーシックインカムかな。『そんな予算がどこに？』と必ず言ってくる人がいるけど、どうでもいいことにものすごくカネ使ってるじゃないですか。それに、ベーシックインカムだけで満足できる人って少ないはずですよ。みんな何かやりたい、働きたいし、もっと稼ぎたいんだから。ベーシックインカムだけでいいって人は、それで何の引け目もなく、もらってラクに暮らせばいい」

■依存ってほぼ共依存なんです

人は、「どうして自分ばかりこんなに苦労するのか？」と思いつめがちだが、実は自分も相手の負担になっていることになかなか気づくことができない。特に依存については。

「依存ってほぼ必ず共依存なんです。親と子はペア。先に述べたように、この親と子の関係は入れ替え可能なものです」

例えば介護であれば、「する」側の負担にどうしても焦点が当たることが多くなる。しかし、一見不満ばかりもらしているように見える「される」側にも、うまく言葉にならない思いがあるはずだ。

「詩人の伊藤比呂美さんに『介護の秘訣《ひけつ》は？』って聞いたら『手を抜くこと。決まってるじゃない』と即答でした。みんなに助けてもらい、どうやって手を抜くかを考えると。全部やろうと思うからキツくなって、親子心中とかになっちゃうんですね。でもこれ、伊藤比呂美さんという人のあの声で、あの文体で『手を抜く』と言うことにユーモアがあるんですね。この言葉には実は愛がこもっている。これ、政府や首相が『手を抜きなさい』って指導してきたら、『ヤバい』と思うよね（笑）」

今年69歳になった高橋さんは、つい先ごろ「終活」を始めたという。そこには何歳になっても自分を変えてゆこうとする柔軟さと、これからの暮らしへの希望があふれている。

「長年、膨大な本に囲まれて暮らしてきましたが、断捨離することにしたんです。階段からトイレの前から寝室から、家中どこにでも本があるなんて、家族にとっては大迷惑。それで、仕事場に備え付けの本棚が満杯になったら、あふれた分はトランクルーム送りにして、自宅には本を置かないことにしました」

ずっと抱えてきたものをバッサリ捨てて、家族間で、親子間で新しいルールを作った高橋さん。なるほど。まず、できることからやってみるのがいいのかもしれない。

「ぼくの両親は76歳で亡くなりました。となるとあと7年しかない。もちろんもっと長く生きるかもしれませんが、それは誰にもわかりません。だからこれからは、今までやったことがないことしかやらないことに決めたんです。でもそれっておげさなことじゃなくて、人間はもともと不十分なことしかできないのだから、できることをやればいいと思います。マジメに考えすぎるとどんどん世界が狭くなる。大切なのはいつもユーモアを忘れないこと」

〔構成・北條一浩〕

「サンデー毎日」(2020年3月8日号)より

〔解説にかえて〕タカハシさんからの相談

Q 伊藤さん、人生相談の使命って何ですか？

すいません。悩んでいるのです。ずっとです。どうしたらいいのかわかりません。だから、誰かに相談したいと思ったのです。でも、誰に相談したらいいのかわからない。そしたら、「ピン！」と来たのです。伊藤比呂美さんがいる！　伊藤さんなら助けてくれる！　そう思ったのです。お願いします。助けてください。

恥ずかしながら、わたし、人生相談をやっております。もちろん、回答する方です。伊藤さんと一緒です。難しいです。ほんとに。どうして、こんなこと始めちゃったんだろう。後悔してます。でも、始めちゃったからやらなきゃならない。どんどん相談がやって来ます。みんな悩んでいるのです。この世の中には、なんてたくさんの悩みがあるんだろう。いや、ほんとに。わたしはどの相談にも全身全霊（のつもり）で考え、答えます。そして回答を送ったあと、あれでよかったんだろうかとか、もっといい回答があったんじゃないかとか、悩むわけです。悩んでいるのは、相談者だけじゃありません。回答する側だって悩んでいるんだ。わかってほしい。えっと、なんでしたっけ……ああ、相談があります。というか訊いてみたいのです。他の回答者さんは、どんなふうに考えているのか。人生相談の使命とは……もしそんなものがあるとしたら……何なのか。どういう回答をすればいいのか。教えてください、伊藤さん。ああ、あと、伊藤さんが、他の人の人生相談をどう思っているのかも教えてもらえるとうれしいです。好きなやつとか、なんか気になるやつとか、いろいろ。年末でお忙しいことと思いますが、どうぞお願いします。

（もうすぐ72歳・男性　伊藤比呂美さんの40年来のファン）

A

人生相談、わたしも長いことやってきました。だからわかるんですよ。全身全霊で考え、答え、回答を送ったあと、あれでよかったのかと悩む回答者、だけじゃないこと。最高です、源一郎さん。

人生相談って、悩む人に向き合うだけじゃないんですよね。

相談者と、同時に、当事者じゃない大勢の読者たちにも向き合ってるわけです。その両方を満たさなきゃいけない。そこが人生相談の難しさでもあるけど、おもしろいところでもある。だって答えているうちに、わたしの問題がわたしたちの問題になっていく。それで人々に届いてぐさぐさと刺さっていく。届いて、刺さって、それから向きを変えて、わたしたちにも刺さってくる。

人生相談に答えてきたというこの経験、どれだけ血肉になってるか。人の悩みがありがたくてたまりません。

人生相談の相談者は、「誰にも相談できない人」。

この本のタイトルそのものですね。相談できりゃしてるわけで、まわりに誰もいないから、わたしたちに聞いてくる。回答を送るたびに身の引き締まる思いを感じます。今わたしがはずしたら、この人は絶望して自殺しちゃうかもしれない。

それを回避するためには、まず受け止めることなんですよね、この人の主張を。ときどき聞きにくいときもある。どう考えても納得できないことを言う人もいる。でも受け止める。否定しない。そこから回答が始まると思う。

昔、手相見のバイトやってたんですけどね。なにしろただのバイトで技量もたいしたことはなかったんだけど、ほぼ、相手の反応に反応していくだけで、どんどん相手の深いところに入っていけた。相手が「あたってる」と言えば、そこに突っ込む。

「うーん」と言ったら、そこを避けて進む、とかね。

相談者との関わりは手紙やメールだけですけど、それでも、その文章や語彙や、手紙なら書き文字や便箋や、ほんとにたくさんの情報を集められる。一回のやりとりだけなのに、ほとんど対話しているような。相手のほんとに望んでいるところに、着地していくような。

他の人の人生相談――読まないんですよ、基本的に。わたしはわたしですから。でも、20年くらい前は研究のために読んでました。そしたら誰だったか、どこかの大新聞の回答者に、いつも叱りつけるような言い方をする人がいた。年配の男で。いえ、源一郎さんじゃないです。同じ年配の男なのに、まったく違います。わたしはその回答が嫌いなあまりに、より受け止める方向に向かっていったのかもしれません。

人間って、誰も叱られたくないわけで。

昔はよく叱られましたよね、おとうさんやおかあさんや、夫や、先輩や、学校の先生なんかに。でもそんな、誰かが誰かよりすぐれていて、優位にあって、人を叱る、だめだ、間違っていると判断する、その人の基準で。そして叱られた人はどうするんだろう。そんなので何も変わらないと思うんです。わたしはもう、叱るのも叱られるのもしたくない。ただ受け止めて、寄り添って、見守っていきたい。源一郎さんもそうでしょう？　この本の中にそういう助言が何度出てきたことか。

他の人の人生相談は読まないけど、源一郎さんのはときどき読む。あ、上野（千鶴子）さんのも。好きなのよね、上野さんも源一郎さんも、ときどき会いたくなる。人生相談の回答の文章から、いちばん生の声が聞こえてくる。話しかけられているような気がする。

回答からたくさん勉強します。気がつかなかったこと、考えもしなかったこと。この本の中で言うと、「上司から借金迫られる」ときの回答なんて、いや、こう来たかと仰天して、そして感動しました。

源一郎さんの回答、どれも、こんなに穏やかで優しいのに、「たたかえ」と言われているような気がする。はっきりそう言ってなくても、言葉をかみしめていくと聞こえてくる。それから「とんでいけ」とも言ってるような気がする。遠くへ、もっと遠くへ、とんでいけ、翼はここにあるよ、使いなよと、いろんな文学を引用してくれる。源一郎さんにしか、こういうのは書けない。

伊藤比呂美《いとうひろみ》（詩人）

文庫あとがき

およそ三年前に書いた本書のあとがきは、「えっと、『人生相談』、まだ続きます！」で終わっていますが、現在も、無事続いております。ということは、人生相談が始まってからおよそ七年半！　わかっているのは、まだ続くらしいということです。まさか、こんなことになるとは。ただし、これからのことはわかりません。肩を叩かれて「もう潮時ですよ」といわれるかもしれないし、担当編集者から申し訳なさそうに「高橋さん、これでまったく同じことを書くの三度目ですよ……」といわれ、ついに来るべき日が来たと悟るのか。さいわいなことに、まだそうなってはいないようですが。

というわけで、「人生相談」が予想よりもずっと長く続くようになって、ひそかに願っていることがあるのです。なんだかわかりますか？

実は、わたしは「人生相談」を読むのも好きで、いままでたくさんの「人生相談」を読んできました。その中でいちばん好きなものを、と訊かれると、これははっきりいって、宇野千代さんのものしかありません。もう最高です。その理由は、というと……若干申し上げにくいのですが、後期高齢者どころか超高齢者段階まで生存しておられた宇野先生は、少々ボ……いや、ふつうの人たちとは考え方がちがっておられたからです。ふつうの人たちが現実の世界やしがらみを見ているとするなら、宇野センセイは、遥か百万年先、あるいは弥勒菩薩が出現するという五十六億七千万年先を凝視されていたのです。そんな宇野センセイのお答えは、はっきりいって、人間離れしていました。宇野センセイほど長生きすると、悟りの境地に達してしまうのかもしれません。たとえば、宇野センセイは、回答するとき、まず相談者の相談を、ほぼ全部、いいなおされた。「あなたは……とおっしゃるのですね。そして、……とおっしゃるのですね。だから、あなたは……と考えたのですね」の連発です。相談者への回答が始まる前に、読者は、相談を二度も読むはめになるわけですよ。読むそばから忘れてしまうので、確認のために、そうされたのでしょうか。いや、自由ですよねえ。

そういうわけで、わたしのひそかな願望とは、宇野センセイのように超高齢者になり、自分が書いているものが何なのか判然としないような状態になって、人生相談の回答を書くことなのです。いいと思うんだけどなあ。どんなに絶望した相談者だって、「この人よりましだ」って勇気づけられるんじゃないでしょうか……。

２０２２年12月

高橋源一郎

【著者略歴】
1951年、広島県生まれ。作家。81年「さようなら、ギャングたち」でデビュー。88年『優雅で感傷的な日本野球』で第1回三島由紀夫賞。『さよならクリストファー・ロビン』で第48回谷崎潤一郎賞。近著に『これは、アレだな』、『居場所がないのがつらいです』など。

毎日文庫

誰《だれ》にも相談《そうだん》できません
みんなのなやみ　ぼくのこたえ

印刷　2023年1月20日
発行　2023年2月1日

著者　高橋源一郎《たかはしげんいちろう》
発行人　小島明日奈
発行所　毎日新聞出版
〒102-0074
東京都千代田区九段南1-6-17 千代田会館5階
営業本部：03(6265)6941
図書第一編集部：03(6265)6745
ブックデザイン　鈴木成一デザイン室
印刷・製本　中央精版印刷
 ISBN978-4-620-21055-1